Historia de Wisconsin

Una guía fascinante del Estado del Tejón, desde la llegada de Jean Nicolet hasta el presente, pasando por las guerras con los Zorros, la guerra de 1812 y la Edad Dorada

© Copyright 2021

Todos los derechos reservados. Ninguna parte de este libro puede ser reproducida de ninguna forma sin el permiso escrito del autor. Los revisores pueden citar breves pasajes en las reseñas.

Descargo de responsabilidad: Ninguna parte de esta publicación puede ser reproducida o transmitida de ninguna forma o por ningún medio, mecánico o electrónico, incluyendo fotocopias o grabaciones, o por ningún sistema de almacenamiento y recuperación de información, o transmitida por correo electrónico sin permiso escrito del editor.

Si bien se ha hecho todo lo posible por verificar la información proporcionada en esta publicación, ni el autor ni el editor asumen responsabilidad alguna por los errores, omisiones o interpretaciones contrarias al tema aquí tratado.

Este libro es solo para fines de entretenimiento. Las opiniones expresadas son únicamente las del autor y no deben tomarse como instrucciones u órdenes de expertos. El lector es responsable de sus propias acciones.

La adhesión a todas las leyes y regulaciones aplicables, incluyendo las leyes internacionales, federales, estatales y locales que rigen la concesión de licencias profesionales, las prácticas comerciales, la publicidad y todos los demás aspectos de la realización de negocios en los EE. UU., Canadá, Reino Unido o cualquier otra jurisdicción es responsabilidad exclusiva del comprador o del lector.

Ni el autor ni el editor asumen responsabilidad alguna en nombre del comprador o lector de estos materiales. Cualquier desaire percibido de cualquier individuo u organización es puramente involuntario.

Índice

INTRODUCCIÓN 1
CAPÍTULO 1 - WISCONSIN SALVAJE 3
CAPÍTULO 2 - LA COLONIZACIÓN FRANCESA 14
CAPÍTULO 3 - LA COLONIZACIÓN BRITÁNICA 29
CAPÍTULO 4 - WISCONSIN COMO TERRITORIO DE LOS ESTADOS UNIDOS...40
CAPÍTULO 5 - WISCONSIN COMO ESTADO 68
CAPÍTULO 6 - WISCONSIN ARDE 88
CONCLUSIÓN 98
VEA MÁS LIBROS ESCRITOS POR CAPTIVATING HISTORY 100
FUENTES 101

Introducción

Los prístinos lagos, los imponentes bosques y las impresionantes vistas de Wisconsin son lugares muy conocidos que atraen a un gran número de turistas cada año. Miles de personas acuden a Wisconsin cada año para cazar en sus bosques, pescar en sus aguas o navegar en kayak por sus numerosos ríos. También hay muchos museos por los que pasear, y mucho que ver dentro de ellos, desde las trágicas historias del Museo de los Incendios de Peshtigo hasta la sobrecogedora visión del mastodonte Boaz fosilizado en la Universidad de Wisconsin-Madison.

Sin embargo, la historia de Wisconsin es mucho más que simples exposiciones en los museos. El trigésimo estado tiene una larga y rica historia detrás de su moderna fachada. Hace miles de años, los pueblos antiguos cazaban bestias gigantes en los glaciares helados que ahora han dado paso a ríos y lagos. Ricas culturas poblaron los frígidos y primitivos bosques de Wisconsin, dando paso a la llegada de los exploradores franceses. Pronto, los británicos tomaron el relevo, dando paso a una era de floreciente colonización, y Wisconsin fue testigo de su primera guerra registrada. Con la Revolución estadounidense, Wisconsin pasó a ser libre, lo que supuso una serie de nuevos retos para sus habitantes.

Esta historia va mucho más allá de las fechas y las batallas. Es una historia vibrante llena de gente fascinante, como los hermanos que descubrieron los huesos de un mastodonte; el pacífico Jean Nicolet, un explorador francés que se convirtió en el primer europeo en descender en canoa los ríos de Wisconsin, casi tropezando con el Misisipi en su búsqueda de China; Joshua Glover, un esclavo cuya huida hizo historia; Halcón Negro, un jefe Sauk que buscaba proteger a su pueblo; y Dwight Armstrong, un manifestante de la paz que accidentalmente se cobró una vida. Está llena de historias fascinantes, como la de la valiente batalla que libraron los soldados estadounidenses contra los británicos cerca de Prairie du Chien durante la guerra de 1812 o la historia del Gran Incendio de Peshtigo, que mataría a más personas que cualquier otro incendio de la historia.

La historia de Wisconsin es tan rica en detalles y tan implacablemente interesante como sus gloriosos paisajes. Su historia siempre ha sido paralela a la de los Estados Unidos, lo que ofrece una fascinante visión más profunda de una historia que todos conocemos tan bien. Wisconsin vio los efectos del colonialismo, defendió los derechos de todas las personas durante la guerra civil y soportó la ira del fuego.

Y esta es su historia.

Capítulo 1 - Wisconsin salvaje

Hace miles de años, en una tundra azotada por el viento, un joven respiraba lentamente entre los copos de nieve que oscurecían su visión. La escasa arboleda no le protegía del gélido viento; tuvo que resistir el impulso de levantarse y ajustarse la primitiva capucha, hecha de piel de animal como el resto de su ropa. El pelaje era grueso y cálido contra su piel, pero el viento seguía penetrando a su interior.

Había elegido este grupo de árboles para cubrirse, no del viento, sino de los agudos ojos de su presa. A través de la película de copos de nieve, la enorme bestia seguía siendo fácilmente visible. Una criatura imponente, era una forma grande y oscura en el paisaje nevado, con su largo tronco ligeramente curvado mientras se movía con pasos largos y sin prisa sobre sus pies redondos. Una capa de pelo ondulaba en el viento mientras se movía, y sus largos colmillos eran amarillos en contraste con la nieve blanca.

El joven agarró con más fuerza su átlatl y lo giró ligeramente para mirar la afilada punta de su lanza. Estaba meticulosamente hecha de calcedonia brillante, con el filo astillado hasta alcanzar el brillo, y ambos lados estriados para que el asta de la lanza encajara perfectamente. El mastodonte era una criatura poderosa. Se alzaba sobre él y pesaba varias toneladas. El hombre pensó en su familia, en su pueblo. Eran un pequeño grupo nómada que se movía por el mundo indómito. Eran libres, pero fácilmente llegaban a la hambruna. Este monstruo los alimentaría durante mucho tiempo.

Su decisión estaba tomada. El joven se apresuró, con el átlatl levantado. Lo lanzó con toda su fuerza, un movimiento experto que hizo que el asta de la lanza cantara por el aire. El filo de la calcedonia se abrió paso a través de la distancia entre el joven cazador y la enorme bestia. Hubo un golpe, un crujido, y la nieve se volvió escarlata.

Los hermanos Dosch y el mastodonte Boaz

Más de 10.000 años después, Harry, Chris, Verne y Clyde salieron al exterior en un mundo lavado por la lluvia.

Los cuatro hermanos eran una pandilla alborotada de exuberancia juvenil. Empujándose, pateando piedras y gastando bromas, sus bulliciosas voces resonaban alrededor de un paisaje veraniego brillantemente verde. La tormenta de la noche anterior era un recuerdo lejano frente a la maravilla de esta mañana. Todo parecía más brillante de lo normal: el verde de los campos que poseía su padre y que ellos mismos heredarían algún día; el impresionante azul del cielo; y la subida y bajada de los pulcros postes de la valla, clavados en la tierra, plantados tan firmemente como las raíces de su familia. Los chicos habían crecido en esta granja a orillas del Mill Creek. La llevaban en la sangre, aunque solo habían pasado algo más de 300 años desde que los suyos pisaron por primera vez el continente que ahora recorrían con tanta libertad. Un continente que antes había pertenecido a un pueblo totalmente diferente.

Sin embargo, ahora mismo, el 10 de junio de 1897, la historia de la humanidad en Norteamérica estaba muy lejos de la mente de los cuatro chicos. Se suponía que estaban revisando el arroyo Mill Creek en busca de daños causados por las inundaciones que pudieran amenazar el cercano pueblo de Boaz, Wisconsin, pero estaban mucho más interesados en hacer cualquier tipo de travesura que pudiera proporcionarles algo de entretenimiento. Arrastrándose por la orilla, chapoteando en los charcos y columpiándose en las ramas de los árboles, los chicos jugaban a lo largo de la tarea que su padre les había encomendado.

La historia no menciona cuál de los chicos fue el primero en ver los huesos. Sin embargo, está claro que, pocos minutos después, los cuatro chicos estaban investigando la orilla del arroyo. La tormenta había excavado nuevas orillas durante la noche, y reveló algo que inmediatamente llamó la atención de cuatro chicos que buscaban algo que hacer en un día de verano. Cuando los chicos inspeccionaron los largos fustes blancos que sobresalían de la rica tierra, se dieron cuenta de que no se trataba de huesos ordinarios. Algunos eran más gruesos que el brazo entero del hermano mayor.

Unos tesoros tan interesantes no podían dejarse simplemente en la tierra. Olvidada su tarea, los chicos se pusieron a cavar, utilizando piedras y sus manos en la tierra blanda y húmeda. Era un trabajo físico, pero su gran interés y su energía juvenil prevalecieron, y pronto sacaron varios huesos gigantes del barro. Eran enormes: había un poderoso fémur casi tan alto como el hermano menor. Los chicos estaban fascinados.

Otro hallazgo fue aún mejor: algo que parecía una punta de flecha. Era un objeto tosco, tallado en la roca y estriado por ambos lados. Los chicos —y, más tarde, muchos historiadores— especularon que esto debió ser lo que mató a la bestia gigante.

Los chicos acordaron que estos huesos debían ser expuestos al público en general, ya que eran objetos de curiosidad y asombro, mucho más grandes que los huesos de cualquier caballo o vaca. En consecuencia, los muchachos subieron los enormes huesos por las orillas del arroyo hasta el costado de la carretera. Había un poste junto a la carretera para comodidad de los viajeros, y los chicos apoyaron los huesos contra él. Luego se alejaron, aburridos y listos para cualquier aventura que el verano de Wisconsin les deparara. Pero no dejaron la "punta de flecha". Uno de los hermanos se la metió en el bolsillo para guardarla, un tesoro especial de una espléndida infancia.

Los huesos no tardaron en atraer la atención de los periódicos locales. Los periodistas del *Republican Observer*, el *Viola Observer* y el *Richland Democrat* acudieron a fotografiar a los chicos y los huesos, y escribieron artículos sobre el misterioso origen de estos objetos gigantescos. Al reconocer que los huesos podían ser más valiosos de lo que los chicos pensaban en un principio, su padre los trasladó al sótano de su gran casa de campo.

No permanecieron allí mucho tiempo. Un abogado de Wisconsin no tardó en llegar a la casa de los Dosch e intentó comprar los huesos. Los chicos debieron de estar consternados, pero su padre se dejó tentar fácilmente por la exorbitante tarifa que el abogado ofrecía por ellos: 50 dólares, o unos 1.600 dólares en dinero de hoy. Para un puñado de huesos aparentemente sin valor, era una enorme suma de dinero para un granjero del siglo XIX.

Los huesos se vendieron al estado de Wisconsin y, en 1915, se ensamblaron para formar el esqueleto de una criatura extinguida hace tiempo: un mastodonte. El esqueleto no estaba del todo completo, y se necesitaron algunos huesos de yeso para completar el resto del cuerpo, pero rápidamente se ganó la fama del pequeño pueblo de Boaz. Como resultado, la bestia recibió el nombre de mastodonte de Boaz.

La historia de los chicos Dosch es muy real. La historia del joven cazador y su presa prehistórica es producto de la imaginación, pero, por lo que podemos decir, es bastante exacta. La fosilización conservó el relato del cazador humano que abatió con una punta de lanza de calcedonia a esta enorme criatura, que estaría estrechamente relacionada con el mamut lanudo y el elefante actual.

El mastodonte de Boaz se expuso en el Museo de Geología de la Historia de Wisconsin, en Madison, donde aún se conserva, aunque no todos sus huesos son los que los chicos de Dosch encontraron en Mill Creek. De hecho, los huesos de al menos dos mastodontes diferentes contribuyeron al esqueleto. El segundo mastodonte se encontró en la cercana localidad de Anderson Mills. Los científicos lo descubrieron en 2015, cien años después de que el esqueleto fuera ensamblado por primera vez.

En cuanto a la punta de lanza estriada, cuenta mucho más de la historia de aquel antiguo cazador que los huesos de su presa. Permaneció en posesión de la familia Dosch hasta la década de 1940, cuando fue enviada por correo a la Universidad de Wisconsin-Madison (dos hermanos Dosch supervivientes la identificaron posteriormente como su punta de lanza en 1966). Probablemente sea la responsable de la muerte del mastodonte, y es casi la única prueba que tenemos de la primera civilización humana en lo que hoy es el estado de Wisconsin: la cultura Clovis.

El pueblo Clovis

El pueblo Clovis, llamado así porque sus artefactos se descubrieron por primera vez en Clovis, Nuevo México, es una cultura poco conocida que probablemente habitó en Norteamérica en los últimos siglos de la Edad de Hielo. No sabemos mucho sobre esta misteriosa tribu, pero las pruebas genéticas de sus restos fósiles sugieren que eran de ascendencia siberiana o mongola. Durante la Edad de Hielo, un puente terrestre unía las actuales Alaska y Rusia sobre lo que hoy es el mar de Bering, lo que hizo posible que los humanos y los animales cruzaran desde Asia hasta América. Lo más probable es que los Clovis llegaran a Norteamérica a través del puente terrestre de Bering, donde se extendieron lentamente por el continente deshabitado.

El Wisconsin que habitaron los Clovis era un paisaje muy diferente al que conocemos hoy. En lugar de un pacífico bosque habitado por ciervos, ardillas y zorros, Wisconsin, hace 10.000 años, era una tundra feroz y salvaje en la que vagaban mamíferos gigantes. Junto a los grandes mastodontes, los Clovis también cazaban gonfotéridos y mamuts parecidos a los elefantes, así como imponentes criaturas parecidas a los camellos llamadas camelops. También había megaterios —perezosos terrestres más grandes que los caballos— y tapires. Sus distintivas puntas de lanza, conocidas como puntas Clovis, fueron fundamentales para su modo de vida.

Estas puntas de lanza se caracterizan por los surcos astillados en ambos lados, proceso conocido como estriado. Las puntas de lanza estriadas eran más fáciles de encajar en los astiles, y también hacían que los astiles fueran más estables, lo que las convertía en un arma eficaz cuando los Clovis trabajaban juntos para derribar a sus enormes presas. Al parecer, las puntas de lanza estriadas no eran algo que los Clovis trajeran de sus frígidas tierras natales en Siberia, ya que nunca se han encontrado en Asia. Además de cazadores, los Clovis eran innovadores, y ellos mismos idearon las puntas Clovis.

Pero sus innovaciones no fueron suficientes para salvarlos. El número de Clovis disminuyó bruscamente en torno al 8.000 a. C., y aún no sabemos por qué. Algunas teorías apuntan a la inundación del lago Agassiz, un gigantesco lago glacial prehistórico más grande que todos los Grandes Lagos modernos juntos. Millones de toneladas de agua de deshielo inundaron el Atlántico Norte, desencadenando una fase fría de 1.500 años de duración que podría haber sido más de lo que los Clovis pudieron aguantar.

Otra posibilidad es que los Clovis simplemente se volvieran demasiado numerosos, y la población de mamíferos gigantes de los que dependían tanto ya no pudiera sostenerlos. Incluso hace miles de años, la humanidad ya era demasiado para su ecosistema, y los Clovis cazaron a sus presas hasta la extinción, lo que estuvo a punto de provocar su propia extinción.

Sin embargo, aunque su número disminuyó considerablemente, los Clovis no desaparecieron del todo. En la actualidad, alrededor de cuatro quintas partes de los nativos americanos actuales descienden de los Clovis.

Los periodos arcaicos y silvícola

El pueblo Clovis pobló América del Norte en un periodo que se conoce como el periodo paleoindio. Le siguió el periodo arcaico.

La población de Norteamérica no permaneció en declive durante mucho tiempo. A los Clovis les siguieron pronto otras culturas muy similares a ellos, como los Folsom, que también fabricaban puntas de lanza estriadas. Estos eran todavía pueblos primitivos, pero se produjo un gran salto tecnológico cuando surgió la Antigua Cultura del Cobre. Este pueblo había aprendido la avanzada habilidad de la metalurgia, extrayendo los hilos de cobre de las colinas de Wisconsin y fundiéndolos para fabricar todo tipo de armas y herramientas. Sus azuelas, anzuelos, cuchillos, arpones y hachas eran muy superiores a los de los paleoindios.

Sin embargo, la Cultura del Cobre, al igual que la Clovis y la Folsom, seguía dependiendo exclusivamente de la caza y la recolección para su subsistencia. También eran en gran medida nómadas, una necesidad en el gélido páramo de Wisconsin en aquella época. Pero el mundo estaba cambiando y, hacia el año 700 a. C., un nuevo pueblo se levantó para sacar lo mejor de un nuevo mundo.

Cuando la Antigua Cultura del Cobre declinó en el año 1000 a. C., Wisconsin ya no era la tundra ártica de los paleoindios. En su lugar, se había convertido en un vasto y magnífico bosque, y las personas que vivían en él recibieron el nombre de los bosques. Se les llama "pueblo de los bosques" e iniciaron el período silvícola. A diferencia de los feroces cazadores de la Cultura del Cobre, los habitantes silvícolas eran un grupo profundamente asentado y pacífico que echó raíces por primera vez en la historia de Norteamérica.

Los silvícolas recibieron la influencia de las culturas del sur, posiblemente de los mexicanos que habían entrado en contacto con ellos en sus exploraciones hacia el norte. Es probable que así los silvícolas aprendieran una habilidad que cambiaría por completo su cultura: la agricultura. A diferencia de los cazadores-recolectores nómadas de los siglos anteriores, los silvícolas cultivaban productos como la calabaza, las judías y el maíz. También adquirieron la habilidad de la alfarería.

Ahora que los norteamericanos ya no pasaban todo el tiempo cazando animales gigantes para sobrevivir, sus creencias empezaron a complicarse, posiblemente influenciadas por sus vecinos sudamericanos y centroamericanos. Los silvícolas fueron los primeros constructores de montículos con efigies. Moviendo millones de metros cúbicos de tierra, crearon enormes montículos de tierra con formas meticulosas de animales o incluso de personas. Algunos de ellos se utilizaban como túmulos funerarios; otros pueden haber sido lugares espirituales para ritos o ceremonias religiosas.

Los gentiles agricultores del periodo silvícola tenían una cultura extremadamente pacífica. Aunque fueron una de las primeras culturas nativas americanas en utilizar el arco y la flecha, sus armas eran para la caza, no para la guerra. Tenían una sociedad profundamente igualitaria en la que la jerarquía no era fundamental en la vida cotidiana. Pero la dulzura del Período Silvícola no podía durar para siempre.

La cultura Misisipi y Aztalan

Los silvícolas criaron a sus hijos, construyeron sus montículos y cultivaron sus campos durante casi 2.000 años, hasta que su edad de oro llegó a su fin hacia finales del primer milenio de la era cristiana.

Todo comenzó en lo que entonces era un pacífico pueblo silvícola, conocido hoy como Aztalan. Construida a orillas del río Crawfish, esta pequeña aldea era una creación típica silvícola. Sus habitantes mantenían campos de maíz a un lado de la aldea y vivían en pequeñas estructuras cónicas tipo tipi construidas con palos de madera y esteras trenzadas de hierba de río. Pescaban, cazaban y vivían su vida ordinaria en un mundo pequeño y tranquilo.

Y entonces llegaron los misisipianos.

Los habitantes de Aztalan se quedaron asombrados al ver a estos extraños nuevos visitantes. Esta gente era muy diferente de los siempre pacíficos silvícolas; tenían una estricta jerarquía, y los jóvenes que llegaron a Aztalan tenían los músculos endurecidos y marcados por la guerra en lugar de la agricultura. Disparaban flechas en lugar de labrar los campos, y su ferocidad debió de asustar a los pacíficos silvícolas. Sin embargo, parece que los misisipianos, a pesar de su aspecto dominante, eran bastante pacíficos para sus tranquilos homólogos silvícolas. No obstante, cambiarían Aztalan para siempre.

Estos misisipianos eran miembros de una nueva cultura que se había originado a lo largo de las orillas del río Misisipi, y eran más avanzados que los silvícolas. Aunque cultivaban y cazaban como los silvícolas, los misisipianos también hacían la guerra y su sociedad era más compleja. En lugar de construir asentamientos para dormir y aldeas tranquilas, los misisipianos habían construido una enorme ciudad en Missouri conocida como Cahokia. Se trataba de un lugar enorme —una gran red de plazas, templos, mercados y montículos de efigies— y los misisipianos y los silvícolas se propusieron convertir Aztalan en algo similar.

Durante los siguientes cientos de años, Aztalan se convirtió en una bulliciosa ciudad y en un centro de comercio entre las crecientes poblaciones de la zona de los Grandes Lagos. Aunque sus habitantes vivían generalmente en wigwams similares a los de los silvícolas, también construyeron grandes plazas y plataformas de madera para sus templos y mortuorios.

Curiosamente, aunque los misisipianos estaban más avanzados que los silvícolas, sus túmulos de efigies eran mucho más sencillos. En lugar de construir intrincados túmulos con formas de ciervos o pájaros, construían sencillos túmulos cónicos cerca de Aztalan. Con el tiempo, los misisipianos se mezclaron con los silvícolas hasta que sus culturas se fusionaron y se convirtieron en una sola.

El comercio se disparó en Aztalan, convirtiendo a Wisconsin en una parte importante de la sociedad nativa americana de la época. A Aztalan llegaban mercancías de otras partes de Wisconsin, Missouri e Illinois. Es probable que Aztalan también estuviera protegida por guerreros dedicados; de hecho, la clasificación social en la cultura misisipiana se basaba únicamente en la destreza en la guerra. Los soldados más fuertes siempre llegaban a la cima, lo que ayudaba a los misisipianos a sobrevivir a posibles invasiones de tribus de fuera de Wisconsin. Sin embargo, también puede haber resultado problemático para la gente común, ya que eran gobernados esencialmente por caudillos sedientos de sangre.

El Período Misisipiano no duró mucho en Wisconsin, o al menos no en la propia Aztalan. Hacia el año 1200 de la era cristiana, Aztalan fue abandonada repentina y misteriosamente. Nadie sabe por qué. La ciudad nunca fue repoblada por los nativos americanos; en cambio, fue invadida y devuelta en gran parte a la naturaleza antes de ser descubierta por los colonos europeos en el siglo XIX. En la actualidad, la ciudad se encuentra en el Parque Estatal de Aztalan, una zona protegida en la que los arqueólogos trabajan para comprender las antiguas culturas de Wisconsin.

El pueblo oneota

Los descendientes de los silvícolas siguieron viviendo incluso después del abandono de Aztalan y el declive de los misisipianos. Se les llamó el pueblo Oneota, y serían la última cultura prehistórica en poblar Norteamérica. Gobernaron las tierras salvajes de Wisconsin durante unos 500 años, hasta la llegada de los europeos.

Los oneota se originaron como una cultura bastante primitiva, pero con el paso de los años se convirtieron en hábiles agricultores y constructores. Sus aldeas eran grandes y estaban llenas de robustas casas largas y wigwams. Como construyeron sus aldeas por todo Wisconsin, los oneota se dedicaron al comercio y a la guerra entre ellos y con las culturas cercanas, aunque rara vez viajaban tan al sur como Cahokia. También fumaban pipas, que hacían de piedra, y complementaban su agricultura con la pesca y la caza. Eran la tribu de nativos americanos más poblada de Wisconsin durante la Edad Media europea.

En el siglo XVII, Wisconsin se había convertido en un lugar muy diferente a la tundra helada del año 8000 antes de Cristo. Los nómadas, que antes cazaban perezosos y mamuts gigantes en la nieve, habían sido sustituidos por agricultores, que construían casas largas y tuberías de piedra. Pero el mayor cambio de todos estaba por llegar.

Los europeos estaban en camino.

Capítulo 2 - La colonización francesa

Ilustración I: Una representación de Jean Nicolet de principios del siglo XX

Los historiadores actuales no tienen mucha idea de por qué disminuyeron los Clovis, la Cultura del Cobre, los silvícolas y los misisipianos. Lamentablemente, en el caso de los oneota, está bastante claro por qué su número disminuyó en torno al siglo XVIII. Sufrieron el mismo destino que muchos otros nativos americanos en ese periodo: fueron expulsados de sus hogares por los europeos, siempre en expansión y hambrientos de poder.

En contra de la creencia popular, el primer europeo que pisó América no fue Cristóbal Colón. Fue un incursor vikingo, probablemente alguien a las órdenes de Leif Eriksson (o el propio Leif Eriksson), alrededor del año 1000 de la era cristiana. Mientras los misisipianos y los silvícolas construían Aztalan, los vikingos exploraban el Nuevo Mundo, comerciaban con los nativos y pescaban en las heladas aguas de Groenlandia, Labrador y Terranova. Los vikingos incluso construyeron un asentamiento llamado Vinlandia en Terranova. Su nombre significaba "tierra fértil", y ciertamente hubo allí un comercio activo. Los vikingos navegaron a lo largo de la costa este de Norteamérica y sus interacciones con los nativos parecen haber sido bastante pacíficas. Vinlandia fue abandonada poco después de su construcción, y los vikingos nunca regresaron. Se desconoce el motivo del por qué.

Casi 500 años después, el siguiente europeo pondría el pie en las Américas. Esta vez, fue Colón. Colón era un explorador italiano al que los reyes de España encargaron que encontrara una ruta comercial hacia la India. Su misión se frustró cuando resultó que había dos continentes en el camino. Colón desembarcó en una de las islas del Caribe en 1492, y aunque estaba convencido de que había llegado a Asia (y lo siguió estando el resto de su vida), otros exploradores siguieron sus pasos para convencer a Europa de que habían encontrado un "Nuevo Mundo".

Fueron los franceses los primeros europeos en explorar activamente el interior de Norteamérica. En 1534, el explorador francés Jacques Cartier desembarcó en el actual Canadá y emprendió una expedición hacia su prístina naturaleza. Viajó hasta la actual Montreal y pronto le siguieron más franceses, estableciendo una colonia de comercio de pieles conocida como Nueva Francia.

En Wisconsin, los europeos nunca entraron en contacto con los propios oneota, pero la constante invasión de los colonos europeos en el territorio de los nativos americanos hizo que otras tribus inundaran la tierra natal de los oneota. Los oneota empezaron a desplazarse hacia el oeste y acabaron abandonando Wisconsin por completo.

En general, la actitud de los franceses hacia los nativos americanos era más tolerante que la descarada brutalidad de los españoles en Sudamérica. Samuel de Champlain estableció el primer fuerte importante en Quebec en 1608, décadas después de la expedición de Cartier. También exploró las regiones de Nueva Escocia y cabo Cod.

Aunque los franceses estaban ciertamente hambrientos de tierra y poder, la perspectiva del comercio con el Nuevo Mundo superaba cualquier otra ambición inicial. Se esforzaron por aprender las lenguas de los nativos americanos y establecieron una diplomacia con las tribus nativas, a menudo trabajando y viviendo con los nativos en paz. Jean Nicolet es un brillante ejemplo de diplomático francés que trató a los nativos americanos como sus iguales. Estableció un camino que condujo a décadas de paz entre la mayoría de las tribus nativas americanas y los franceses.

Jean Nicolet

Nacido en 1598, Jean estaba lejos de ser un radical librepensador. Su padre era un mensajero al servicio del rey de Francia, un símbolo del llamado *Antiguo Régimen* que tanto odio cosecharía durante la Revolución francesa. En aquella época, Francia era profundamente católica y su monarquía era profundamente absoluta. La servidumbre era todavía una realidad constante para su pueblo, y la nación seguía muy arraigada a muchos de los conceptos de la Edad Media. La religión y la monarquía eran los principales conceptos, y Jean era profundamente leal a ambos.

Sin embargo, esto no frenó su apetito de aventura. Jean era amigo del mismísimo Samuel de Champlain, y cuando este empezó a buscar jóvenes para que se unieran a él en Canadá y ampliaran el comercio de los franceses allí, Jean aprovechó la oportunidad de conocer el Nuevo Mundo. Solo tenía veinte años cuando emprendió el largo viaje desde su ciudad natal, Cherburgo-Octeville, hasta el fuerte de Quebec en 1618.

La primera orden de trabajo fue que Jean aprendiera algunas lenguas nativas americanas. Los algonquinos eran unos de los nativos más prolíficos de la zona en aquella época, y además mantenían muy buenas relaciones con los franceses, por lo que Jean fue enviado a vivir con un grupo de ellos cerca del río Ottawa. El río era una parte vital de la ruta del comercio de pieles, que llevaba a Francia visones, zorros, armiños y otras pieles de animales, ya que los franceses estaban constantemente ávidos de ropa de pieles finas. Se trataba de un comercio lucrativo, aunque implacablemente cruel con los animales, y los nativos americanos participaban activamente en él y probablemente se beneficiaban de él, ya que ellos mismos eran hábiles cazadores y tramperos que podían conseguir fácilmente las pieles y venderlas a sus nuevos amigos europeos.

Mientras vivía con los algonquinos, Jean no tardó en aprender su lengua y pronto descubrió que estaba muy contento viviendo entre ellos. En 1620, lo trasladaron a una colonia a orillas del lago Nipissing, poblada por algonquinos y odawa. Jean se adaptó sin esfuerzo a la vida con estos pueblos. Se contentó con vivir allí durante casi una década, y podría haber vivido allí durante muchos más años si no fuera por un sorprendente giro de los acontecimientos.

Jean era gerente de una tienda y comerciante en el lago Nipissing, e incluso llegó a formar parte de los consejos de los nativos, lo que demuestra lo profundamente integrado que estaba en su sociedad. No solo era un miembro de confianza de su tribu, sino también un líder respetado y un vínculo inestimable entre los colonos franceses de Canadá y sus ciudadanos nativos. Jean incluso se enamoró de una chica Nipissing, y el resultado de su unión fue una hermosa niña llamada Madeleine Euphrosine Nicolet.

Sin embargo, parece que la antigua lealtad de Jean a las costumbres francesas se impuso a su dedicación a su nueva familia Nipissing. Después de nueve años en el lago Nipissing, cuando Madeleine era todavía una niña pequeña, Jean tomó la decisión de que fuera educada como una niña francesa en lugar de con las costumbres tradicionales de Nipissing. Esto puede haber causado una ruptura irreparable entre Jean y su pareja de Nipissing. En cualquier caso, se separaron en 1629 y Jean abandonó el lago Nipissing para no volver jamás.

Jean regresó a Quebec con la pequeña Madeleine, decidido a que se criara en francés y recibiera toda la educación clásica que una niña pudiera encontrar en una colonia de comercio de pieles del Nuevo Mundo. Sin embargo, su amor por los nativos americanos no terminó, y esto se evidenció en el verano de ese año. Justo cuando Madeleine vivía su primer verano entre el pueblo de su padre, la tragedia golpeó Quebec. La guerra de los Treinta Años asolaba a la mayoría de las potencias europeas de la época, y aunque este devastador conflicto tuvo lugar sobre todo en Europa —donde se cobró unos ocho millones de vidas—, sus consecuencias de gran alcance se extendieron hasta el Nuevo Mundo. Los hermanos Kirke, un par de aventureros y comerciantes originarios de Escocia, invadieron Quebec y lo conquistaron para Inglaterra, manchando un verano canadiense con sangre francesa. Los franceses se vieron obligados a huir y, mientras Champlain se dirigía a Londres, Jean buscó refugio en el pueblo que mejor conocía: los nativos americanos.

Huyendo con Madeleine a la zona del lago Hurón, Jean vivió entre los nativos de allí durante tres años hasta que Champlain fue restituido como gobernador de Nueva Francia en Quebec. Jean regresó a Quebec en 1632, donde vivió entre los franceses durante un breve tiempo, probablemente instalando a Madeleine en un hogar francés adecuado, hasta que Champlain lo llamó con una nueva misión. Jean debía ser enviado a establecer de nuevo relaciones diplomáticas con los nativos americanos. Solo que esta vez, no viajaría al interior de Canadá. Se dirigiría al sur, a los actuales Estados Unidos. A Wisconsin.

Jean Nicolet y los Ho-Chunk

Aunque había pasado más de un siglo desde que Cristóbal Colón zarpó para encontrar una ruta comercial alternativa a la India, muchos europeos seguían obsesionados con encontrar una ruta fácil a China a través de las Américas. Antes de los tiempos del canal de Suez, navegar a Asia era un emprendimiento peligroso y difícil que solo podía lograrse rodeando el tormentoso extremo sur de África. Los conflictos en Europa del Este hacían que viajar por tierra fuera igualmente arriesgado, lo que hacía que todos los tesoros de Asia fueran casi inestimables en Europa. Una ruta más fácil hacia Asia —en particular, la India y China— garantizaría riquezas casi infinitas a la nación afortunada que encontrara esa ruta.

Aunque se habían realizado algunas exploraciones de las partes orientales de América, los exploradores del siglo XVII aún no tenían ni idea de que estaban explorando continentes en lugar de simples islas. Circulaban leyendas sobre una ruta mística hacia el oeste a través de América del Norte que llevaría fácilmente al viajero al océano Pacífico y luego, en un viaje fácil, a la propia China.

Champlain estaba decidido a encontrar este legendario "Paso del Noroeste" para Francia. Dado que cualquier explorador que tuviera la suerte de encontrar su camino a través del paisaje salvaje también tendría que tener excelentes habilidades diplomáticas para navegar tanto con los nativos como con los chinos, Champlain decidió que Jean era el hombre para el trabajo.

El propio Jean tenía algunas ideas sobre el Paso del Noroeste. Los wyandots del lago Hurón le habían hablado de sus vecinos del suroeste, los "puan". Dado que "Puan" se traduce como "gente de las aguas fragantes", Jean creía que los puan podrían estar viviendo en la costa del océano. Ese océano debía ser el Pacífico, y si podía llegar a los puan, podría encontrar una ruta hasta China.

Champlain estaba entusiasmado con esta idea, y decidió engalanar a Jean con todo lo que pudiera necesitar para llegar a China. A pesar de que era un hombre no violento en general, Jean recibió un par de pistolas brillantes para llevar en su cinturón. Le colocaron sobre los hombros un extravagante abrigo chino, decorado con colores brillantes y ricos bordados, un atuendo poco propicio para una travesía por el páramo, tal vez. Entonces Jean partió en su canoa por el lago Michigan, en busca de China.

Jean se adentró en la bahía de Green Bay, recubierta de algas, con su característico olor que se desprende de sus aguas estivales, convirtiéndose en el primer europeo que entraba en Wisconsin remando. Su primera impresión de lo que más tarde se llamaría el Estado del Tejón fue la de unos bosques espléndidos e intactos que se alzaban a lo largo de las orillas de la brillante bahía. El lago Michigan se extendía a sus espaldas, como un espejo bajo el sol del verano. Con abrigo bordado y todo, Jean debía de sentirse muy pequeño y fuera de lugar en su salvaje y glorioso entorno.

Al desembarcar en la orilla de la maloliente Green Bay, no tardó en cruzarse con los puan locales. Nunca habían visto a un hombre blanco. ¿Cómo sería posible? Ningún hombre blanco había llegado nunca a Wisconsin, y mucho menos uno ataviado con las galas de una túnica china bordada y empuñando un par de pistolas relucientes. Aunque parece poco probable que Jean intentara hacer daño a los puan, tal vez algunos disparos de las pistolas sirvieran para impresionarles, y se ganó al instante su respeto mientras avanzaba entre el humo de las armas. Sin embargo, la diplomacia de Jean iba mucho más allá de la mera ostentación, y no tardó en hacerse amigo de ellos.

A medida que aprendía su lenguaje, Jean acabó dándose cuenta de su error. Esta gente no se llamaba a sí misma "Puan". El nombre que él había traducido como "gente del mar" o "gente de las aguas fragantes" significaba en realidad "gente de las aguas apestosas". Era una etiqueta despectiva que les habían puesto sus enemigos más al noreste. Probablemente se refería al singular aroma de Green Bay, que durante siglos ha albergado floraciones de algas verde-azules que no huelen muy bien.

El pueblo se llamaba a sí mismo Ho-Chunk, o "gente de la gran voz". Se refería al hecho de que se consideraban los progenitores de todos los que hablaban su grupo lingüístico, incluida una tribu cercana llamada Menominee, que era igualmente amistosa con los exploradores.

Una vez superado este malentendido, Jean estaba decidido a encontrar el legendario Paso del Noroeste y llegar al océano Pacífico. Sus nuevos amigos, los Ho-Chunk, estaban encantados de servirle de guía hasta un lugar donde sabían que había aguas amplias. Acompañado por siete jóvenes y fuertes hombres Ho-Chunk, Jean partió hacia el río Fox. Cruzó por tierra una corta distancia mientras llevaba su canoa y llegó al río Wisconsin, que siguió hasta que vio una vista gloriosa. El estrecho Wisconsin se ensanchó de repente ante él, convirtiéndose en una gran extensión de agua centelleante que se extendía hasta donde alcanzaba la vista.

Jean estaba asombrado y convencido de que por fin había encontrado el Paso del Noroeste, que aseguraba un rico comercio entre Francia y Asia. Absolutamente seguro de que el agua que veía pertenecía al Pacífico, Jean dio la vuelta y regresó a Green Bay, donde pasó el invierno con los Ho-Chunk.

Por supuesto, no estaba cerca del océano. Cuando dio la vuelta al agua que se ensanchaba, Jean todavía estaba a casi 2.000 millas del océano Pacífico. Todo el Oeste americano le separaba del mar. Lo que en realidad había descubierto era el alto río Misisipi, el cuarto río más largo del mundo. Al igual que Colón, en su búsqueda de un tesoro, se había cegado al descubrimiento de otro.

Finalmente, Jean nunca regresó a Green Bay. Tras regresar a Quebec en 1635, se casó con una francesa en 1637 y permaneció en Canadá el resto de su vida. Lamentablemente, esta no fue larga. Solo tenía cuarenta y cuatro años y navegaba feliz en canoa por el río San Lorenzo, en la naturaleza a la que siempre había pertenecido su corazón, cuando le sobrevino la tragedia. La canoa volcó y Jean se ahogó en las gélidas aguas del río indómito.

Pierre-Esprit Radisson y Médard Chouart des Groseilliers

Aunque las noticias de Jean Nicolet sobre el descubrimiento de lo que él creía que era el océano Pacífico fueron emocionantes, pasaron décadas antes de que los franceses pudieran actuar en consecuencia.

A pesar de que Nicolet y otros diplomáticos como él se habían esforzado por mantener buenas relaciones entre franceses y nativos americanos, la frágil paz se desmoronó terriblemente solo cinco años después del regreso de Jean de Wisconsin. Los hurones, algonquinos y otras tribus leales a los franceses no eran los únicos nativos americanos que poblaban la zona. Los belicosos iroqueses eran cazadores y tramperos en Canadá y en lo que sería el norte de Estados Unidos. Pero el insaciable apetito de Europa por las pieles —en particular por las de castor— era tan enorme que ni siquiera las grandes riquezas del Nuevo Mundo podían esperar satisfacerlo. Los castores empezaban a extinguirse, y las tribus que dependían de sus pieles para comerciar y acceder a las maravillas tecnológicas del Viejo Mundo —sobre todo, las armas de fuego— empezaron a enfrentarse entre sí en un intento de controlar la menguante población.

La Confederación Iroquesa se formó cuando un grupo de cinco tribus que hablaban una lengua parecida se unieron y decidieron eliminar a los franceses y a las otras tribus nativas americanas que estaban aliadas con ellos. Los iroqueses comerciaban principalmente con los holandeses y los británicos, y empezaron a centrarse en aumentar su arsenal, cambiando las pieles por armas en lugar de herramientas o alimentos. Y una vez que los iroqueses estuvieron en igualdad de condiciones con los franceses en cuanto a armamento, atacaron.

Las guerras de los Castores duraron casi sesenta años —desde las primeras incursiones en 1642 hasta la Gran Paz de Montreal en 1701— y devastaron a los franceses y a sus aliados, así como a los propios iroqueses, ya que los franceses contraatacaron quemando cultivos y aldeas, haciendo que muchos iroqueses murieran de hambre. Las mayores atrocidades las sufrieron los nativos americanos aliados de los franceses. Tribus enteras fueron diezmadas por la guerra, algunas de ellas hasta la extinción.

Durante veinte años, Wisconsin fue abandonado por los europeos, pero no fue inmune a los cambios provocados por las guerras de los Castores. Como no había asentamientos coloniales en la zona, era un lugar comparativamente seguro para las tribus pacíficas que estaban siendo expulsadas de sus hogares por las brutales guerras de los Castores. Wisconsin se convirtió en un refugio para que las tribus desplazadas vivieran lejos del conflicto.

Siete años después de la muerte de Jean Nicolet, llegó al Nuevo Mundo el siguiente explorador francés que se adentró en las tierras salvajes de Wisconsin: Pierre-Esprit Radisson.

Lo más probable es que Pierre naciera en 1636, lo que significa que solo tenía quince o dieciséis años cuando viajó desde su lugar de nacimiento, cerca de Aviñón, para explorar la Nueva Francia. Probablemente le acompañaba su hermanastra, Marguerite. Se instalaron en la ciudad de Trois-Rivières, a orillas del mismo río que se había cobrado la vida de Jean Nicolet. La región era un país de las maravillas, perfecto para un adolescente aventurero. Pierre cazaba, pescaba, nadaba y exploraba con sus compañeros. En uno de estos alegres paseos, Pierre se topó con el gran enemigo de Francia: los miembros de la Confederación Iroquesa. La tribu mohawk acababa de atacar y matar a varios franceses cuando Pierre se tropezó con ellos, y cayeron sobre el muchacho. Sin embargo, en lugar de matarlo, los mohawks decidieron llevárselo a su pueblo.

Como Pierre era joven, lo secuestraron en lugar de ejecutarlo, y una familia mohawk lo adoptó como si fuera su propio hijo, lo cual era una antigua tradición de la tribu. Con el paso de las semanas, Pierre se sintió muy cómodo en su nueva familia. Aprendió la lengua y las costumbres mohawk, y le trataron como a cualquier otro joven mohawk, uniéndose a las partidas de caza y explorando las tierras salvajes de lo que probablemente era el actual estado de Nueva York.

Mientras cazaba, Pierre tuvo su primer contacto con una persona no mohawk desde su secuestro. Se encontró con un algonquino, que inmediatamente lo reconoció como francés. Consternado al ver a un francés viviendo entre los iroqueses, el algonquino se abalanzó sobre los mohawks y los mató, convenciendo a Pierre de que volviera a casa con su propio pueblo en Trois-Rivières. Pierre aceptó, y viajaron juntos durante un tiempo hasta que los iroqueses se les echaron encima y reconocieron a Pierre como mohawk adoptado. Indignados por su traición, mataron al algonquino y llevaron a Pierre de vuelta a los mohawks, donde fue castigado con la tortura.

Es probable que Pierre hubiera muerto lentamente y con terribles dolores de no ser por la familia mohawk que lo había cuidado. Su familia adoptiva actuó como defensora de él, arrancándolo de las mismas fauces de la muerte e incluso ofreciendo una compensación económica a las familias de las personas que el aliado algonquino de Pierre había matado. Pierre fue devuelto a su familia adoptiva y recibió un nuevo nombre: Ovinha.

Este gesto conmovió tanto a Pierre que permaneció con los mohawks por decisión propia durante varios meses después, e incluso rechazó la oferta de un compañero francés que quería pagar un rescate para "salvarlo" de los mohawks.

Sin embargo, con el tiempo, los recuerdos de la tortura de Pierre, que incluía que le clavaran un clavo caliente en el pie y le arrancaran las uñas, le persiguieron. Una mañana, probablemente hacia 1653, se escabulló del poblado mohawk y regresó con los franceses.

Cuando Pierre conoció al nuevo marido de Marguerite, Médard Chouart des Groseilliers, ya era un aventurero experimentado. Alrededor de 1659, los dos hombres decidieron que era necesaria una expedición a través del lago Michigan y hacia Green Bay. Al igual que Jean, atravesaron el lago Michigan en canoas, y esta vez llegaron hasta el lago Superior. Aquí había abundancia de recursos naturales, así como gente relativamente intacta por las guerras de los Castores que seguían haciendo estragos en otras partes de Nueva Francia. Por encima de todo, había más que suficientes pieles de castor. Pierre y Médard se dieron cuenta de que iban a ser increíblemente ricos.

Los dos hombres regresaron en 1660, acompañados por nativos en unas 300 canoas, llevando una gran cantidad de pieles de castor. El gobernador francés se indignó. Como Pierre y Médard no habían recibido permiso para emprender su viaje, les impuso una fuerte multa y se apoderó de todas sus pieles, lo que le debió reportar un buen beneficio.

Pierre y Médard acabaron cambiando de bando. Trabajaron para los británicos y acabaron estableciendo la lucrativa Hudson Bay Company en el actual Canadá. Habían comprobado que Wisconsin era rico en recursos naturales y en gente pacífica. Los Ho-Chunk y los menominee, que habían acogido tan abiertamente a Jean Nicolet, se mostraron igual de amistosos con Pierre y Médard. Incluso los Dakota Santee, que nunca habían estado en contacto con los europeos, se mostraron amistosos.

Claude Jean Allouez, Jacques Marquette y Louis Jolliet

El siguiente francés que viajó a Wisconsin llegó cinco años después, y mientras los anteriores franceses que llegaron a este territorio salvaje buscaban ganancias monetarias, Claude Jean Allouez tenía motivos muy diferentes.

Claude había sido ordenado sacerdote jesuita en 1655, tras pasar su juventud estudiando en Toulouse. Había llegado a Nueva Francia no para buscar fortuna, sino para predicar su religión, y el desierto virgen de Wisconsin parecía un campo fértil para sembrar su mensaje. Claude fue el primer europeo que construyó un asentamiento permanente en la zona de Wisconsin. Estableció una relación pacífica con los potawatomi, evangelizando a muchos miembros de la tribu y construyendo una misión en la zona de Green Bay. Claude construiría numerosos puestos de misión en toda la zona, como la Misión de San Francisco Javier, cerca del actual Oconto, y otra en De Pere.

Aunque Claude no fue el explorador que habían sido Nicolet, Radisson y des Groseilliers, desempeñó un importante papel en el establecimiento de relaciones pacíficas con los nativos americanos, especialmente los potawatomi. También llevó un diario detallado del paisaje y de sus actividades, recopilando conocimientos útiles que fueron indispensables para dos famosos exploradores que más tarde seguirían sus pasos.

Claude estaba llevando rápidamente misioneros jesuitas a Wisconsin, estableciendo a muchos de ellos en De Pere como algunos de los primeros colonos semipermanentes de Wisconsin, cuando llegaron dos exploradores, decididos a terminar el viaje que Jean Nicolet había comenzado en 1634. Corría el año 1673, casi cuarenta años después, y nadie había llegado tan lejos por el río Wisconsin como Nicolet. Estos dos hombres eran Louis Jolliet y Jacques Marquette, y estaban listos para la aventura y, esperaban, terminar el viaje en la misma China.

Por supuesto, aunque Jolliet y Marquette siguieron los pasos de Nicolet desde el río Fox hasta el río Wisconsin, nunca llegaron al Pacífico. En cambio, llegaron al Misisipi y descubrieron que era un río enorme, que sería de vital importancia en la historia del país que estaban explorando, un país que acabaría conociéndose como los Estados Unidos de América.

Los rápidos que Jolliet y Marquette encontraron en la confluencia del Wisconsin con el Misisipi se conocerían más tarde como Prairie du Chien, y se convirtieron en el lugar del primer fuerte ocupado por europeos durante todo el año en Wisconsin. Fue construido por un compañero jesuita: Nicolás Perrot.

Nicolás Perrot

Al igual que Pierre-Esprit Radisson, Nicolás Perrot solo tenía dieciséis años cuando emprendió el largo viaje desde Francia a Nueva Francia en 1660. A los diecinueve años, ya se había establecido como comerciante de pieles y hablaba con destreza las lenguas nativas, pero el comercio no era su única ambición. Nicolás quería llegar hasta el límite de la frontera, y también quería ser diplomático.

En 1668, cuando ya había adquirido cierta experiencia como comerciante de pieles, Nicolás llegó a Wisconsin por primera vez. Los misioneros jesuitas ya se habían establecido en la zona, pero muchos de ellos solo se quedaban en Wisconsin durante unos meses; no vivían en la zona de forma permanente. El primer objetivo de Nicolás era comerciar con los pacíficos potawatomi, pero al llegar a Wisconsin los encontró en conflicto con otra tribu de nativos americanos, los menominee. Ambas tribus habían estado en contacto regular con los europeos, y cuando Nicolás llegó, era una parte neutral que podía comunicarse con ambas. Con un poco de diplomacia hábil, Nicolás pudo resolver la disputa entre las tribus, ganándose el respeto tanto de los franceses como de los nativos americanos.

Nicolás no permaneció mucho tiempo en Wisconsin. Regresó a Nueva Francia en 1670, y pasarían quince años antes de que volviera a ver las orillas del lago Michigan. Esta vez, sería para quedarse. Recordando sus sólidas relaciones con los nativos de la zona, el gobernador francés envió a Nicolás a Wisconsin para que estableciera asentamientos durante todo el año para los comerciantes franceses. El primero de ellos fue el Fuerte San Nicolás, que construyó en 1685 junto a los rápidos de Prairie du Chien. Los fuertes Antoine y Perrot fueron construidos cerca del lago Pepin.

Durante las tres o cuatro décadas siguientes, Wisconsin disfrutó de la paz, ya que sus ciudadanos europeos se dedicaron al comercio y a la labor misionera, no a la violencia. Fue en esta época cuando llegaron a Wisconsin los primeros africanos. Eran esclavos que habían sido importados por sus amos franceses.

Aunque los edificios que Perrot estableció se denominaban "fuertes", no había nada de militar en estos primitivos y remotos puestos de avanzada. No eran más que almacenes y puntos de encuentro para que los comerciantes de pieles llevaran a cabo sus negocios durante todo el año. Aunque servían para alejar a los iroqueses, que siempre merodeaban, no albergaban guarniciones de soldados. Aun así, Wisconsin vivió casi siempre en paz, con la excepción de alguna incursión de los iroqueses.

Lamentablemente, esta paz no podía durar para siempre. Los enemigos se acercaban, y esta vez, sus ataques vendrían tanto de los europeos como de los nativos americanos.

Capítulo 3 - La colonización británica

Para la tribu Meskwaki del pequeño lago Butte des Morts, la visión de una pequeña flotilla de hombres blancos en canoas no era extraña. Era el año 1730; hacía más de un siglo que había comenzado el comercio de pieles entre los nativos americanos de la región de Wisconsin y los franceses que la colonizaron. Los guardias meskwaki estaban fuertemente armados, pero sus mentes estaban llenas de oportunidades mientras observaban las canoas que remaban por el río Fox hacia ellos.

Los propios meskwaki nunca comerciaron directamente con los franceses. Utilizaban a sus aliados, una tribu neutral llamada Sauk, para ello. Vendían sus pieles a los sauk, que a su vez las vendían a los franceses. Los meskwaki rara vez habían confiado en alguien, incluso entre las otras tribus nativas americanas. Así que el comercio con los franceses estaba descartado.

Sin embargo, eso no significaba que no pudieran obtener nada de los franceses. Los meskwaki llevaban tanto tiempo controlando las orillas del río Fox que también se les conocía como los indios Fox; el río y el pueblo eran prácticamente inseparables. Y como el Fox era una vía fluvial importante para el comercio de pieles, ya que era un medio vital para viajar mucho antes de que Wisconsin estuviera surcado por carreteras, los meskwaki veían a los comerciantes franceses como una forma fácil de afirmar su dominio y llenarse los bolsillos.

Cuando las canoas francesas se acercaban a la orilla, los guardias estaban listos para recibir el tributo que todos los comerciantes les debían cuando cruzaban por las tierras de los meskwaki. Las canoas estaban prometedoramente llenas; podían ver la carga abultada bajo sus cubiertas de piel de aceite. El cuero de aceite impermeable protegería lo que hubiera dentro, y los meskwaki estaban ansiosos por recibir su parte. Los franceses habían traído a Wisconsin todo tipo de maravillas, como acero, pedernal y armas de fuego. Eran objetos sin los que muchos nativos americanos ya no podían funcionar.

Las canoas se acercaban y los meskwaki se inclinaban hacia delante esperando los ricos regalos franceses. Fue entonces cuando todo salió terriblemente mal. Las pieles cayeron hacia atrás, y el aire pacífico se rompió con el ritmo de los disparos. Los perdigones salpicaron el aire, golpeando las filas de los desprevenidos meskwaki. La sangre empapó la orilla del río, rociando a los guardias de sus camaradas caídos, mientras un cañón giratorio de una de las canoas escupía la muerte en la orilla.

Uno a uno, se quitaron los impermeables de las canoas, y los soldados se pusieron en pie desde donde se habían escondido en los vientres poco profundos de las embarcaciones. Levantando los mosquetes al hombro, dispararon contra los meskwaki, lanzando al aire columnas de humo blanco. Algunos de los miembros de la tribu se mantuvieron en pie y lucharon mientras los franceses avanzaban; otros huyeron, pero ni siquiera ellos pudieron encontrar refugio. Mientras corrían hacia el bosque, aparecieron más franceses por detrás de sus líneas. No había ningún lugar al que huir. El aire parecía espeso por las balas, el suelo estaba resbaladizo por la sangre. Tropezaban con sus parientes caídos mientras buscaban la supervivencia.

Toda la tribu Meskwaki fue puesta en fuga. Abandonaron su pueblo, los niños gritando en los brazos de sus padres mientras la tribu desaparecía en el bosque. Bueno, lo que quedaba de la tribu. Y no era mucho.

Las guerras con los Fox

La sangrienta batalla de Little Butte des Morts en 1730 fue solo uno de los muchos y crueles conflictos que tuvieron lugar durante la segunda guerra con los Fox, que se libró entre los franceses y la tribu Meskwaki durante veinticuatro años.

Se trataba de un conflicto que se venía gestando desde hacía mucho tiempo y que, en consecuencia, era fuerte y amargo. Las cosas entre los meskwaki y los franceses nunca habían sido pacíficas. "Meskwaki" era el nombre propio de su tribu; significaba "tierra roja", ya que su creencia era que habían sido creados a partir de la rica tierra roja que bordeaba el río donde tenían su hogar. Los franceses tradujeron mal la palabra y los llamaron "tribu de los fox".

Los meskwaki llevaban siglos luchando con muchas de sus tribus vecinas. Entre ellas estaban los chippewa, que eran muy amigos de los franceses. Esto hizo que los franceses sospecharan inmediatamente de los meskwaki. Para empeorar las cosas, a medida que los franceses se adentraban más y más en el territorio meskwaki, los meskwaki empezaron a acercarse a los iroqueses, comerciando con ellos y con los británicos en lugar de con los sauk y los franceses. La tensión entre las tribus creció y la situación empeoró cuando los meskwaki empezaron a exigir tributos a los comerciantes franceses que pasaban por su territorio.

Las cosas llegaron a un punto crítico en 1712, tras décadas de creciente tensión. Detroit, Michigan, no era más que un asentamiento, pero era un importante punto de apoyo para los franceses, un pequeño oasis de civilización en lo que consideraban un paisaje poblado únicamente por bárbaros. Los meskwaki lanzaron un ataque abierto contra el asentamiento. Los franceses, en inferioridad numérica, se encontraban en una situación desesperada, y la victoria de los meskwaki habría sido fácil si no fuera porque los franceses habían cultivado excelentes relaciones con otras tribus nativas. Los aliados nativos de los franceses acudieron al rescate y los meskwaki fueron prácticamente diezmados.

La tribu Meskwaki no había sido muy numerosa al principio. En ese momento, solo había unos 1.500 meskwaki, y sabían que no podían volver a atacar abiertamente a los franceses. Sin embargo, como se aferraban a su política de exigir tributos a los comerciantes que pasaban por el río Fox, los meskwaki seguían recibiendo mucha atención no deseada por parte de los franceses. Se enviaron numerosos pequeños grupos de soldados franceses para atacar a los meskwaki, lo que dio lugar a una paz efímera e incómoda. El tratado acabaría siempre por romperse, y los meskwaki y los franceses se encontrarían de nuevo en conflicto.

Fue en 1730 cuando la guerra se convirtió en algo verdaderamente serio con el ataque por sorpresa en Little Butte des Morts, situado cerca de la actual Menasha. El líder del ataque, el capitán Pierre Paul Marin de la Malgue, era un líder militar establecido con poca consideración por todo lo que no fuera la victoria. Su ataque no fue simplemente una derrota militar para los meskwaki; fue prácticamente un genocidio. Su tribu, que ya había disminuido en ese momento, se redujo terriblemente en una sola noche sangrienta. Los que sobrevivieron al ataque ya no pudieron permanecer en su hogar ancestral; huyeron, dejando que sus muertos se pudrieran al sol, y viajaron hasta el río Wisconsin. Cuando se dieron cuenta de que no les seguían, se detuvieron a descansar en Wauzeka. Un relato habla del descubrimiento de una cueva llena de huesos humanos en este lugar unas décadas después. Se especula que estos huesos son los restos de los meskwaki heridos que habían llegado a Wauzeka después del ataque, pero que no pudieron ir más lejos.

En cualquier caso, los meskwaki no pudieron regresar a sus hogares en el río Fox. Se refugiaron en Wauzeka durante el invierno, con la esperanza de que los dejaran en paz ahora que ya no estaban acosando a los comerciantes franceses para que les pagaran tributo. Sus esperanzas estaban muy equivocadas. Marin, su némesis, seguía observándolos. En pleno invierno, esperó a que los hombres meskwaki salieran de su nuevo pueblo en una expedición de caza y entonces atacó. Capturó a las mujeres, los niños y los ancianos y se negó a devolverlos a su pueblo a menos que los hombres prometieran que los meskwaki abandonarían Wisconsin para siempre.

Expulsados por los franceses, los meskwaki abandonaron el hogar que había sido suyo durante generaciones. Según algunas fuentes, no era la primera vez que los meskwaki se encontraban desplazados; es posible que los chippewa los hubieran expulsado a Wisconsin generaciones atrás, posibilidad que habría provocado sus malas relaciones con esta última tribu. En cualquier caso, esta vez, su desplazamiento casi les llevó a la extinción total. En 1733, solo quedaban vivos unos 500 meskwaki. No tuvieron más remedio que unir fuerzas con los únicos amigos que les quedaban: los sauk. Aunque los sauk vivían en los alrededores de Green Bay, los franceses acabaron dejando en paz a los meskwaki ahora que se habían unido a una tribu amiga.

Los sauk también se verían desplazados no muy lejos en el futuro. A medida que los europeos seguían inundando Wisconsin, el espacio y los recursos eran cada vez más reducidos. Green Bay estaba abarrotada y los sauk la dejaron atrás, acercándose a Prairie du Chien hacia 1780. Solo se asentarían allí durante medio siglo. Con el tiempo, al igual que muchas otras tribus nativas del este de Estados Unidos, tendrían que cruzar el Misisipi hacia un nuevo mundo extranjero, empujados por la marea de europeos que llegaban a las tierras en las que habían vivido durante miles de años.

Sin embargo, para entonces, los europeos que habitaban Wisconsin ya no eran franceses. El control francés de Wisconsin estaba llegando a su fin, y sería un final brutal y sangriento.

La guerra franco-india

A medida que el siglo XVIII entraba en su segunda mitad, el Nuevo Mundo empezaba a parecer más pequeño que antes. Las colonias británicas llevaban más de un siglo establecidas en la costa oriental y sus ciudades, en constante crecimiento, empezaban a reventar. Las colonias más antiguas, como Virginia y Plymouth, se habían expandido a un ritmo exponencial cuando su crecimiento tuvo que detenerse.

La mayor parte de Norteamérica se extendía todavía hasta el horizonte occidental, tentadoramente e inexplorada, su enormidad era casi incomprensible para los pioneros que vivían en las fronteras de sus colonias. Pero para los colonos británicos, no había forma de llegar a ella. Al norte, estaban acorralados por los franceses; al sur, por los españoles; al este, por el océano. Y aunque nadie había explorado el Oeste, los franceses controlaban un largo tramo de vías fluviales que conectaban sus territorios en el actual Canadá con su colonia más meridional en Luisiana.

Los franceses y los británicos habían estado en conflicto casi constante durante todo el siglo XVIII. De una forma sangrienta que recordaba a la guerra de los Cien Años de finales de la Edad Media, franceses y británicos habían estado peleando casi constantemente, a veces en guerras directas y a veces en guerras por poderes. En estas guerras por poderes, otros países entraban en el conflicto, y cada una de las grandes naciones en guerra elegía un bando con el que aliarse, solo para tener una excusa para luchar entre sí. Europa quedó desgarrada por la guerra, y muchas de estas guerras tuvieron efectos en las colonias.

Pero en la década de 1750, por primera vez, una guerra librada en las colonias se extendería a las patrias ancestrales.

Comenzó en torno a 1754/55, cuando los franceses empezaron a adentrarse cada vez más en el valle del río Ohio, colonizado entonces por los británicos. Se produjeron pequeñas peleas entre los colonos. Estas acabaron llamando la atención de los militares y, en 1756, estalló una guerra abierta, en la que un joven oficial llamado George Washington comandaría las tropas.

Las colonias francesas eran superadas ampliamente por los británicos. Los franceses solo eran unos 60.000; los británicos superaban el millón. Pero los franceses tenían una gran ventaja. En lugar de alejarse de los nativos que los rodeaban, habían forjado, en su mayoría, poderosas alianzas con ellos. Los meskwaki eran una excepción. La mayoría de las tribus nativas que entraron en contacto con los franceses estaban contentas de comerciar con ellos y, ahora, de entrar en guerra con ellos. Respaldados por numerosas tribus nativas americanas, los franceses, en inferioridad numérica, no solo se enfrentaron a los británicos, sino que los derrotaron en las primeras batallas. George Washington se vio obligado a beber el amargo trago de la derrota en lo que se conocería como la guerra franco-india.

Sin embargo, en 1757, todo cambió. William Pitt fue nombrado comandante de las fuerzas reales británicas en el Nuevo Mundo y, a diferencia del comandante anterior, consideró que el conflicto con los franceses era de vital importancia. En Europa había estallado la guerra de los Siete Años, que estaba íntimamente relacionada con la guerra franco-india. Si los británicos conseguían una victoria en el Nuevo Mundo, Pitt creía que ganar en Europa sería mucho más fácil. A pesar de que no llegó a ir al Nuevo Mundo, su mando demostró ser excelente. Destinó todos los recursos que tenía a la guerra, endeudando profundamente a su país para ello, y rápidamente empezó a ver resultados.

La primera gran victoria británica se produjo en 1758, cuando los franceses fueron derrotados en la batalla de Louisburg. Solo un año después, la batalla de Quebec expulsó por completo a los franceses de una de sus más antiguas colonias en Canadá. Fue una batalla muy reñida que costó a ambos bandos sus comandantes. Los franceses se aferraron a su último punto de apoyo en Canadá: Montreal. Incluso eso no duró por mucho tiempo.

En el Viejo Mundo, el conflicto no fue menos brutal. La guerra de sucesión austriaca de principios de siglo había dejado muchos cabos sueltos, y franceses y británicos se enfrentaron fuertemente, arrastrando a tantas otras naciones a la lucha que desde entonces se considera una de las primeras guerras mundiales.

La guerra de los Cien Años no había sido diferente. También allí los franceses habían brillado en las primeras victorias, pero a medida que avanzaba, los británicos se alzaron y acabaron poniendo a Francia de rodillas. Sin embargo, al final, una campesina francesa llamada Juana de Arco, desarmada y montada en un caballo blanco, con un estandarte blanco, llevó a toda Francia a la victoria y expulsó a los británicos del país por completo.

Esta vez, sin embargo, no hubo Juana de Arco. No habría un Ave María para los franceses. En 1760, Montreal cayó, dejando a Canadá casi completamente en manos británicas. Un año más tarde, la guerra llegó incluso hasta los asentamientos relativamente poco importantes de Wisconsin. Los británicos atacaron Green Bay, y aunque los franceses y sus aliados —entre ellos, los ho-chunk, los sauk y los chippewa— lucharon valientemente para defenderla, no tuvieron ninguna oportunidad contra el imperial ejército británico. Green Bay cayó en 1761, dejando Wisconsin en manos británicas.

El propio Wisconsin apenas se utilizó como campo de batalla en la guerra franco-india. Sin embargo, la guerra cambiaría el destino de este territorio para siempre. Cuando se firmó el Tratado de París en 1763, que puso fin a la guerra franco-india en las colonias y a la guerra de los Siete Años en Europa, cambió el destino de muchas colonias desde Cuba hasta Canadá. Mientras que a los franceses se les permitió conservar Luisiana (y seguirían haciéndolo hasta la época de Napoleón, décadas después), Canadá, Florida y Wisconsin fueron cedidos a los británicos.

Wisconsin era ahora una colonia británica. La época pacífica del comercio de pieles francés había terminado. Había comenzado una época de asentamientos europeos mucho más agresivos.

Wisconsin bajo los británicos

Aunque habían pasado más de cien años desde que Claude Jean Allouez construyó los primeros asentamientos en Wisconsin que serían poblados por europeos durante todo el año, todavía no había verdaderos colonos europeos permanentes en la zona. La mayoría de los europeos que llegaron a Wisconsin seguían siendo comerciantes de pieles o misioneros, y se quedaban un año aquí o allá, pero solían regresar rápidamente a las colonias más establecidas del Nuevo Mundo o incluso a la propia Europa.

Solo cuando Wisconsin se convirtió en una colonia británica empezaron a llegar a la zona los primeros colonos permanentes. Aunque no podemos estar seguros de quién fue el primer colono permanente de Wisconsin, el honor se suele atribuir a Charles Michel de Langlade. Fue teniente de los franceses en la guerra franco-india, y tal vez estaba especialmente preparado para unir a los franceses y a sus homólogos nativos. Su padre era francés, pero su madre era ottawa, y Charles había crecido luchando contra los chickasaw junto a su tío ottawa. No tenía el miedo a los nativos americanos que muchos británicos albergaban, y se alegró de trasladarse a Green Bay en 1764, donde estableció un puesto comercial. Más tarde serviría como oficial en la guerra de Independencia de los Estados Unidos.

Los británicos, sin embargo, estaban interesados en su nuevo territorio, y querían saber mucho más sobre él. Aunque héroes como Jean Nicolet habían explorado vastas extensiones de las tierras vírgenes de Wisconsin, grandes partes de la zona nunca habían sido cartografiadas. Todo eso cambió en 1766 con la llegada de Jonathan Carver, un aventurero hasta la médula.

Nacido en Massachusetts, Jonathan era un estadounidense de origen británico que combinaba la sed de lo desconocido con la lealtad a la Corona británica. Cuando fue enviado a su expedición a Wisconsin, Jonathan era capitán del ejército y padre de siete hijos. Robert Rogers y el capitán James Tute se pusieron en contacto con él para convencerle de que la Corona británica había autorizado una expedición a la zona de los Grandes Lagos y que el gobierno le pagaría generosamente por sus esfuerzos. Jonathan estaba encantado de aventurarse en la naturaleza por dinero.

Jonathan pasó varios años aventurándose por la zona de los Grandes Lagos, siguiendo el río Minnesota más adentro de Wisconsin de lo que la mayoría de los hombres blancos se habían atrevido a ir. Al igual que Nicolet, buscaba el Paso del Noroeste; en su lugar, encontró una gran cantidad de tierras vírgenes y una gran variedad de pueblos indígenas fascinantes. Durante los meses que pasó entre los dakotas (que más tarde se verían desplazados a las Grandes Llanuras cuando los europeos siguieron inundando su hogar en Wisconsin), Jonathan llevó un diario detallado, en el que dibujaba intrincados mapas de Wisconsin que eran tan excepcionales que muchos los consideraban una obra de ficción, solo para descubrir más tarde que eran la pura verdad.

Esta confusión se debió en parte al hecho de que Rogers y Tute nunca habían obtenido realmente la autorización de la Corona para lanzar su expedición. Cuando Jonathan Carver regresó al Fuerte Michilimackinac para reunirse con Rogers, no tardaron en llegar los soldados británicos para arrestar a Rogers. Más tarde fue acusado de traición, y aunque John nunca fue arrestado, también se le negó cualquier forma de pago. Había pasado años en el los páramos para no ver ni un centavo por sus esfuerzos. De hecho, tardó años en recaudar fondos para publicar sus diarios, una misión que se convirtió en el objetivo principal de su vida y que le llevó de vuelta a Londres, dejando a su mujer e hijos en el Nuevo Mundo. Nunca volvería a ver a su familia, ya que moriría en Inglaterra en 1780.

Aunque la historia de Jonathan Carver es trágica, muchos otros colonos encontraron éxito, fortuna y felicidad en Wisconsin. Los colonos británicos inundaron Green Bay y Prairie du Chien, estableciendo colonias en constante crecimiento que acabaron convirtiéndose en pueblos y luego en ciudades. En 1780, Green Bay se había convertido en una comunidad activa. Los niños corrían por las calles y vagaban por los bosques. Green Bay ya no era una ruda ciudad fronteriza compuesta por jóvenes aventureros y valientes misioneros. Ahora era un pueblo de familias, un lugar donde se podían vivir vidas enteras, desde la ruidosa infancia hasta la tranquila vejez. El comercio de pieles, por supuesto, estaba en auge, pero la tierra también sintió por primera vez el mordisco de los arados británicos. Se establecieron granjas, junto con otros negocios como tiendas, herrerías y todos los demás servicios que se necesitaban para mantener una ciudad próspera.

Y Green Bay no solo prosperó, sino que floreció. Ahora, casi totalmente autosuficiente, sus habitantes ya no estaban constantemente ocupados con la supervivencia espartana. Incluso empezaron a celebrar bailes y fiestas en ocasiones especiales.

Los europeos tampoco eran los únicos que llegaron a Wisconsin. Los africanos habían llegado al Nuevo Mundo como esclavos durante siglos, pero a medida que el siglo XVIII se acercaba a su fin, los libertos eran cada vez más frecuentes. En 1791, dos de estos afroamericanos establecieron un puesto comercial en la actual Marinette, cerca de Green Bay. Vivían pacíficamente entre la tribu Menominee, comerciando con pieles a gran distancia de donde habían sido capturados y oprimidos.

Green Bay no seguiría siendo una colonia británica durante mucho tiempo. De hecho, perteneció a los británicos durante exactamente veinte años, tras los cuales otro Tratado de París la transferiría de nuevo. Y esta vez, ninguna de las antiguas potencias coloniales la controlaría.

Wisconsin estaba a punto de formar parte de un Estados Unidos libre.

Capítulo 4 - Wisconsin como territorio de los Estados Unidos

Ilustración II: Un monumento a la batalla de Stillman's Run, la primera de la guerra del Halcón Negro

El 19 de julio de 1814, el teniente Joseph Perkins sabía que Fort Shelby estaba condenado.

Parecía una cosa tan lamentable: una pequeña construcción de madera solo lo suficientemente grande para su guarnición de sesenta estadounidenses, encaramada en el borde de la colonia que estaba creciendo en Prairie du Chien. Sin embargo, este verano no había tramperos recorriendo las colinas ni comerciantes merodeando por las calles. La guerra se había llevado muchas cosas y, por primera vez, estaba a punto de llevarse también un trozo de Wisconsin.

El teniente Perkins había sido consciente desde el principio de que las probabilidades pesaban mucho en contra de los estadounidenses. Los británicos que los habían asediado en Fort Shelby superaban a sus hombres casi diez a uno, entre ellos y sus aliados nativos americanos. Habían pasado dos días desde el primer ataque de los británicos. Habían subido por primera vez el Misisipi con sus tres cañoneras el 17 de julio, y eso fue cuando el teniente Perkins todavía tenía una cañonera propia. Aunque solo tenía catorce remos, el *Governor Clark* era una embarcación pequeña y robusta, y Perkins esperaba que pudiera resistir a los británicos.

Lo hizo, pero solo durante unas dos horas. Sabiendo inmediatamente que la cañonera era la única esperanza de los estadounidenses, los británicos dirigieron su fuego hacia el *Governor Clark*. Los proyectiles se clavaron en sus flancos de madera, abriendo feos agujeros en sus entrañas y haciendo que el agua del río inundara sus entrañas. Reducido a una enorme ruina de astillas de madera, el *Governor Clark* no tuvo más remedio que irse a la deriva río abajo, lejos del implacable ataque de los británicos.

Eso dejó a Perkins y a sus hombres varados y solos en su pequeño fuerte. De alguna manera, a pesar del constante golpeteo de los proyectiles que sacudían las paredes de Fort Shelby y hacían temblar el suelo cuando los hombres se movían dentro, resistieron durante dos días completos. El teniente coronel William McKay, el comandante británico, no se apresuró a golpear el fuerte; sabía que tenía que caer tarde o temprano. Era algo lamentable, defendido por un mero puñado de personas, comparado con el poderío de sus cañoneras.

Los hombres de Perkins lucharon valientemente, pero Perkins sabía que la pérdida de Prairie du Chien dejaría a Wisconsin casi sin defensa contra los británicos que se acercaban. Apenas estaba colonizado, pero sus recursos eran valiosos, y sabía que los estadounidenses necesitaban todo lo que pudieran conseguir para ganar esta guerra, o incluso para sobrevivir a ella. Pero para el 19 de julio, la situación se había vuelto desesperada.

El pozo de Fort Shelby se había secado literalmente.

El pozo estaba situado dentro del propio fuerte, y durante dos días había estado suministrando a los hombres agua limpia y fresca, pero su suministro no era en absoluto ilimitado. Los deshidratados combatientes en el caluroso verano la habían agotado hasta las últimas gotas. Perkins había enviado hombres al pozo para cavar más profundo, pero eso solo había empeorado las cosas. Todo el pozo se derrumbó, sustituyendo su fuente de líquido vital por un montón de roca y tierra que se desmoronaba.

Perkins estaba desesperado, y Fort Shelby estaba condenado. Y para empeorar las cosas, McKay se estaba impacientando. Cansado de malgastar munición en este enclenque fuerte, empezó a disparar balas de cañón que estaban tan calientes que brillaban de color escarlata. Dondequiera que penetraran en el Fuerte Shelby, incendiaban la madera seca como yesca. En minutos, el fuerte estaba envuelto en llamas.

Y aunque el teniente Joseph Perkins quería salvar a su país, también tenía que salvar a sus hombres. Así que hizo lo único que podía hacer.

Se rindió.

La guerra de la Revolución estadounidense

Joseph Perkins y sus hombres libraron una amarga batalla que habría sido casi incomprensible justo después de la guerra franco-india. A mediados y finales del siglo XVIII, los estadounidenses eran británicos. Los hombres y mujeres que colonizaron América lucharon codo con codo con los soldados nacidos en Gran Bretaña en la guerra franco-india. Gran Bretaña era la patria que iba a la guerra por sus colonias; se veía a sí misma como la salvadora de su pueblo que vivía en el extranjero. Y aunque los estadounidenses habían escapado de la perdición gracias a la ayuda de Gran Bretaña, pronto tendrían motivos para estar descontentos con su condición de colonia británica.

La batalla de Prairie du Chien, que se libró en el seco verano de 1814, formó parte de la segunda guerra que librarían estadounidenses y británicos. La primera fue uno de los puntos de inflexión más increíbles de la historia: la guerra revolucionaria estadounidense de 1775-1783.

La guerra franco-india había asegurado las fronteras de América contra los franceses, añadido Canadá al Imperio británico y convertido Florida y Wisconsin en territorios estadounidenses. Para muchos colonos, la vida había mejorado. Sin embargo, las secuelas fueron devastadoras, y todo gracias al trato que la Corona británica dio a sus colonos.

William Pitt solo había podido ganar la guerra contra los franceses y los nativos americanos gracias a su fuerte inversión en la lucha. Para entonces, Gran Bretaña ya estaba casi sin dinero, despojada de su riqueza por la guerra de los Siete Años en Europa. Pitt no tuvo más remedio que pedir prestadas tremendas sumas de dinero, y cuando la guerra franco-india terminó, Gran Bretaña se encontró con una deuda masiva. Los británicos alegaron que la deuda se había contraído para proteger a los ciudadanos de las Trece Colonias, olvidando convenientemente que una gran parte de la economía británica dependía de las actividades en Norteamérica. Creían que el pago de la deuda debía ser una carga que recayera casi exclusivamente sobre los hombros de los colonos.

Como no había representación colonial en el Parlamento británico, se aprobaron numerosas leyes que imponían impuestos tremendamente pesados a los colonos, que habían sufrido enormemente durante la guerra. Entre otras, la Ley del Timbre y la Ley del Té hicieron que muchos artículos sencillos de uso cotidiano fueran casi inasequibles para el estadounidense común. La economía atravesó dificultades, y también la gente de a pie, ya que tuvieron que trabajar para pagar estos impuestos exorbitantes. El hecho de que los colonos no tuvieran a nadie de su lado en el Parlamento generó un amargo resentimiento. No tenían ningún recurso legal contra las injusticias que percibían, y el descontento era generalizado en las colonias.

Las protestas empezaron a estallar en las ciudades, ya que los ciudadanos comenzaron a exigir que sus voces fueran escuchadas de la única manera que podían. Fue en 1770, cinco años antes de que se declarara realmente la guerra, cuando se dio el primer golpe de la Revolución estadounidense. Una turba de colonos que se desplazaba por King Street, en Boston, se mostraba cada vez más inquieta mientras coreaba: «¡No hay impuestos sin representación!». Se acercaron a la Custom House de King Street, que estaba custodiada por un solo soldado británico. La protesta empezó a convertirse en una pelea, y cuando llegaron otros soldados y dispararon fuertemente contra la multitud mayoritariamente desarmada, la pelea se convirtió en una tragedia. Cinco colonos murieron y otros seis resultaron heridos. El suceso se conoció como la Masacre de Boston.

Boston volvió a ser el escenario de otro acontecimiento que desencadenaría la revolución. Tres años después, el descontento seguía aumentando, sobre todo por los exorbitantes impuestos que se aplicaban al té. El 16 de diciembre de 1773, un barco de la Compañía Británica de las Indias Orientales estaba anclado en Griffith's Wharf, Boston. Iba cargado con 342 cofres de té, por un valor aproximado de un millón de dólares. Hartos de la Ley del Té, algunos colonos asaltaron el barco vestidos de guerreros mohawk, se apoderaron de los cofres y los arrojaron todos al mar. La Fiesta del Té de Boston no fue, ni mucho menos, tan sanguinaria como la masacre que la precedió, pero fue una poderosa señal de que ningún disparo podría aplacar la sed de justicia de los colonos.

Sin embargo, en lugar de atender a la razón, la Corona británica reaccionó tomando medidas drásticas contra los estadounidenses, como si estuviera decidida a someterlos a impuestos. A esto le siguió una serie de actos que se conocerían como las Leyes Coercitivas. Se cerró el puerto de Boston, con lo que se interrumpió bruscamente el comercio con Gran Bretaña, que había sido el sustento de Estados Unidos desde su primera colonización; los ciudadanos de Gran Bretaña se hicieron inmunes a la persecución penal, lo que les permitió hacer lo que quisieran con sus homólogos estadounidenses; y se obligó a los colonos a proporcionar alojamiento en sus propias casas a los soldados británicos.

Aunque se intentó negociar, nunca se llegó a un resultado pacífico. Los británicos no cedían. Había llegado el momento de una rebelión, y empezaron a surgir numerosas organizaciones rebeldes que hablaban por primera vez de independencia de la madre patria. Se hicieron alijos secretos de armas. La guerra estaba en el horizonte.

En respuesta, Gran Bretaña envió más soldados a Norteamérica, decidida a someterla por cualquier medio. Si los impuestos no habían funcionado, tal vez lo hicieran las balas. En abril de 1775, una de esas tropas británicas se enteró de la existencia de un arsenal de armas en Concord. Movilizándose rápidamente, un enorme regimiento de tropas británicas se dirigió a la ciudad de Concord, Massachusetts, el 18 de abril.

Un grupo de rebeldes estadounidenses se enteró de la marcha británica y supo que tenía que avisar a Concord para evitar que se apoderaran del arsenal. Los jinetes, a la luz de la luna, corrieron por todo el estado para avisar, Paul Revere entre ellos. Solo uno, Samuel

Prescott, consiguió llegar a Concord, haciéndolo en la madrugada. Los milicianos consiguieron asegurar sus armas y estaban desfilando como muestra de fuerza cuando llegaron los británicos.

Al parecer, ese día no había intención de iniciar una batalla, pero esta comenzó. Hasta hoy no está claro si fue un soldado británico o uno estadounidense el que disparó el primer tiro de la Revolución estadounidense, pero ese disparo sonó, no obstante, con un eco que resonaría en la historia para siempre. La lucha comenzó, y la guerra abierta había empezado. Duraría ocho largos y sangrientos años.

Con George Washington como comandante en jefe, los estadounidenses obtuvieron rápidamente una ventaja, expulsando a los británicos de Boston en 1776. Mientras se refugiaban en Canadá, los británicos planeaban atacar primero Nueva York. Para los estadounidenses, la lucha había dejado de ser por los impuestos o la representación. Nunca más se contentarían con ser aplastados bajo el talón de la opresión británica ni se considerarían parte del Imperio británico. Querían ser libres. En consecuencia, el 4 de julio de 1776 se firmó la Declaración de Independencia.

En cuestión de semanas, los británicos lanzaron su invasión. Un gran número de tropas británicas llegaron a Nueva York y empezaron a abrirse paso sistemáticamente por las colonias, con su gran número y sus vastos recursos haciendo retroceder constantemente a los estadounidenses. Para los estadounidenses, 1777 fue un año de una derrota tras otra. A pesar de que los franceses estaban enviando silenciosamente ayuda a los estadounidenses, los británicos parecían indomables. La guerra podría haber terminado ahí, y los Estados Unidos de América podrían no haber existido nunca si no fuera por las dos batallas de Saratoga en septiembre y octubre de 1777. Estas terminaron con la rendición de toda una fuerza británica, marcando una poderosa victoria estadounidense.

Los franceses entraron abiertamente en la guerra en 1778, utilizando una vez más una guerra por poderes para golpear a los británicos, algo que habían estado haciendo casi ininterrumpidamente desde la Edad Media. Aunque el entrenamiento y los recursos franceses fueron una ayuda inestimable para los colonos, el año 1778 no trajo la victoria que los estadounidenses esperaban. El año terminó con un estancamiento en el Norte; en el Sur, un desastre llevó a otro, conduciendo a dos años de repetidas derrotas para los estadounidenses allí.

Agotados por el derramamiento de sangre, en 1780, muchas de las tropas americanas habían visto cinco años de una guerra que empezaba a parecer totalmente inútil. El motín y la deserción comenzaron a surgir entre las tropas estadounidenses, siendo la más famosa la deserción del general Benedict Arnold a favor de los británicos. Había sido un héroe al principio de la guerra, pero pasaría a la historia como un traidor atroz. Poco a poco, pueblo a pueblo, los británicos fueron ganando terreno en el Sur, haciendo retroceder a los estadounidenses.

Las cosas comenzaron a cambiar por fin en 1781. El entrenamiento y el apoyo francés empezaron a dar sus frutos y, además, el general Nathanael Greene recibió el mando de los ejércitos estadounidenses en el Sur. Aunque Greene nunca fue conocido por ninguna victoria brillante, sus maniobras a través de las Carolinas obligaron a los británicos a acercarse a la costa, lo que sería su perdición definitiva.

A medida que avanzaba el año y mientras las cansadas tropas se enfrentaban una y otra vez, la guerra comenzó a llegar a su fin. Greene y el general francés Marqués de Lafayette habían dispersado al comandante británico, el general Charles Lord Cornwallis, y sus fuerzas contra el mar en la costa de Virginia. El propio general George Washington comandó una gran flota desde Connecticut, llegando a la costa de Cornwallis el 19 de septiembre de 1781. La batalla de Yorktown duró poco, y terminó inevitablemente con la rendición de Cornwallis.

Con ello, los estadounidenses ganaron efectivamente su independencia, aunque la guerra continuaría oficialmente durante otros dos años. No hubo más batallas importantes y las hostilidades fueron escasas, aunque las tropas británicas permanecieron en Nueva York y Charleston hasta que se firmó un tratado. Este fue el segundo Tratado de París, que se firmó en 1783.

Esos dos últimos años habían estado repletos de negociaciones, y Gran Bretaña, completamente vapuleada por sus propias colonias, se había encontrado en una posición profundamente humillante. Los estadounidenses no solo no pagarían más impuestos a los británicos, sino que tampoco formarían ya parte del Imperio británico. Gran Bretaña tuvo que reconocer la Declaración de Independencia y renunció a cualquiera de sus derechos sobre ellos. Los Estados Unidos de América nacieron con sangre.

En Wisconsin apenas hubo combates, pero las implicaciones de la guerra fueron enormes. En el tiempo que tarda un niño en hacerse hombre, Wisconsin había pasado de ser una colonia francesa a una británica. Ahora se consideraba posesión de Estados Unidos, aunque no se convertiría en territorio oficial hasta 1836.

La guerra de la Revolución estadounidense no había derramado mucha sangre en Wisconsin, pero la guerra que siguió —la "segunda guerra de independencia" de Estados Unidos— fue una historia muy diferente.

La guerra de 1812

Después de la guerra de la Independencia, los Estados Unidos recién independizados empezaron a encontrar su lugar como nación por derecho propio. A pesar de abarcar una vasta extensión de territorio, Estados Unidos seguía dependiendo en gran medida del comercio con el Viejo Mundo, especialmente con su aliado revolucionario, Francia.

Desgraciadamente para Estados Unidos, Gran Bretaña y Francia aún no habían dejado de lado su centenario conflicto. La guerra de los Cien Años y la guerra de los Siete Años habían dejado las tensiones en ebullición, y al llegar el siglo XIX, Gran Bretaña se vio inmersa en algunas de sus batallas más sangrientas con Francia. Eran las guerras napoleónicas. En un intento de paralizar a los franceses, la poderosa armada de Gran Bretaña comenzó a invadir la mayor parte de los mares del mundo, restringiendo al máximo el comercio con Francia.

Para Estados Unidos, esto significaba que el comercio con Francia era cada vez más difícil y peligroso. Mientras Estados Unidos enviaba sus tesoros del Nuevo Mundo a la asediada Francia napoleónica, Gran Bretaña interceptaba un barco tras otro, registrando y confiscando muchos buques estadounidenses. Para empeorar las cosas, el ejército británico se había sido diezmado por décadas de guerra, por lo que estaban desesperados por conseguir nuevos soldados. En consecuencia, utilizaron un sistema bárbaro llamado "leva", en el que se obligaba violentamente a los marineros estadounidenses a unirse a la Marina Real británica.

Con las tensiones en aumento, el presidente estadounidense Thomas Jefferson estaba desesperado por evitar que los ciudadanos de Estados Unidos fueran obligados a entrar al servicio de la nación de la que su pueblo había luchado tanto para escapar. Sin embargo, su siguiente movimiento solo empeoraría las cosas. Estableció un embargo sobre el comercio con todas las naciones extranjeras, aislando de hecho a Estados Unidos de Europa. Aunque la naciente nación había demostrado ser poderosa en la guerra, aún no estaba preparada para quedar totalmente aislada del Viejo Mundo. La economía estadounidense se hundió y la moral se desplomó en toda la nación.

Y aunque los británicos ya no estaban realmente presentes en Estados Unidos, todavía podían hacer la vida difícil a los colonos acercándose a los mayores enemigos de estos: los nativos americanos. Aunque era posible establecer relaciones amistosas entre las tribus nativas y los europeos americanos, los nativos americanos seguían teniendo muy buenas razones para temer y despreciar a sus homólogos coloniales. A sus ojos, aunque los llamados "estadounidenses" habían luchado por la independencia, poco había cambiado para los propios nativos americanos. Seguían siendo extranjeros en comparación con los nativos americanos, que llevaban siglos viviendo en esa tierra. Por ello, cuando los británicos empezaron a animar a los nativos americanos a resistirse a la expansión hacia el oeste, estos se mostraron muy satisfechos.

Aunque la guerra subsiguiente se llamó "guerra de 1812", en realidad duró más de dos años, y su primera batalla se libró en 1811. La batalla de Tippecanoe fue un enfrentamiento entre los colonos estadounidenses y las tribus de nativos americanos. Numerosas tribus habían formado una confederación para enfrentarse a los estadounidenses, a los que seguían considerando invasores en su tierra ancestral. Esta confederación estaba gobernada por el poderoso jefe de guerra Tecumseh, alentado por su hermano Tenskwatawa (un hombre sagrado). Por mucho que Tecumseh estuviera decidido a ganar seguridad para su pueblo, su determinación no pudo con el poderío estadounidense. La batalla terminó mal para Tecumseh.

Con miles de personas muertas, el orgulloso jefe guerrero se dio cuenta de que no podía vencer a los estadounidenses solo. Recurrió a los británicos en busca de ayuda, y los estadounidenses se dieron cuenta de que la amenaza de los nativos americanos era mucho mayor de lo que esperaban al principio. Declararon la guerra a los británicos en 1812. La declaración fue firmada por el presidente James Madison.

A pesar de que los estadounidenses estaban en gran número en comparación con el poder combinado de los británicos y los nativos americanos, los primeros dieciocho meses de la guerra fueron muy buenos para los estadounidenses. Aunque su invasión de Canadá fue un fracaso, se libraron numerosas batallas dentro de Estados Unidos contra Tecumseh y sus aliados británicos, muchas de las cuales terminaron con victorias estadounidenses. El propio Tecumseh fue asesinado en 1813, y aunque los nativos americanos siguieron participando en la guerra, su brillante liderazgo dejó un vacío en el mando. De hecho, Estados Unidos se preparaba para ganar su segunda guerra contra su antigua patria cuando todo cambió.

Antes de 1814, la guerra en el Nuevo Mundo era una preocupación muy secundaria para la Corona británica. Combatir a Napoleón era mucho más apremiante que lidiar con un grupo de estadounidenses, al menos al principio. Pero en 1814, cuando Napoleón fue enviado al exilio, Gran Bretaña tenía hombres, dinero y atención de sobra, y puso sus ojos en Norteamérica. Tal vez en ese momento, Gran Bretaña todavía veía a los estadounidenses como un grupo de colonos rebeldes a los que había que dar una lección. Sea como fuere, los británicos se cansaron de jugar y lanzaron todo lo que tenían contra Estados Unidos.

Al principio, el resultado fue absolutamente devastador. La batalla de Prairie du Chien, librada en el verano de 1814, fue una de las muchas derrotas. Ni siquiera el remoto territorio de Wisconsin quedó exento de la violencia que se extendió por todo el país. Solo unas semanas después de la caída y el incendio de Fort Shelby, Washington DC, fue invadido por los británicos, y la Casa Blanca ardió hasta los cimientos.

El incendio de la Casa Blanca indignó a los estadounidenses. Su presidencia era su orgullo, su símbolo de ser una nación nueva y progresista como el mundo nunca había visto antes, ya que era una de las primeras democracias en un mundo todavía muy gobernado por reyes y reinas. El 11 de septiembre de 1814 terminó la batalla naval de Plattsburgh, que fue la primera gran victoria estadounidense de ese año. En Baltimore, el fuerte McHenry fue golpeado sin descanso por los británicos, con proyectiles que tronaron contra sus muros durante veinticinco horas el 13 de septiembre. El fuerte resistió y los británicos se vieron obligados a retirarse con el rabo entre las piernas. Para celebrarlo, los soldados estadounidenses izaron una enorme bandera sobre el fuerte destruido, pero invicto. El espectáculo fue tan emotivo para Francis Scott Key que le inspiró a escribir un poema. Con el tiempo se convirtió en el himno nacional de Estados Unidos, "The Star-Spangled Banner".

En cuanto al teniente Perkins y al resto de los sesenta valientes estadounidenses que habían mantenido el fuerte Shelby contra viento y marea durante tanto tiempo, aunque su batalla terminó en derrota, al menos se les perdonó la vida a todos. Con su pozo seco y su fuerte en llamas, Perkins se rindió ante McKay, y él y todos sus hombres fueron escoltados de vuelta a San Luis sin ser molestados.

Por suerte para Perkins y sus compañeros de Wisconsin, la guerra de 1812 terminó mejor que la batalla de Prairie du Chien. A finales de 1814, estaba claro que los británicos no iban a ganar, pero los recursos estadounidenses también se estaban agotando. Ambas naciones se habían cansado y estaban agotadas por la guerra. Al llegar a un punto muerto en toda América del Norte, se firmó el Tratado de Gante en la víspera de Navidad de 1814. La presión y los embargos comerciales habían terminado hacía tiempo, pero Estados Unidos devolvió a Canadá al control británico.

El tratado ya se había firmado, pero aún no se había disparado el último tiro. Las noticias solo podían viajar de Europa a América tan rápido como un barco podía navegar, lo que significaba que los combatientes en Estados Unidos tardarían semanas en darse cuenta de que se había firmado un tratado. En consecuencia, la guerra terminó oficialmente cuando el general Andrew Jackson —que más tarde se convertiría en presidente— defendió Nueva Orleans contra los británicos, obteniendo una victoria brillante, pero en última instancia insignificante.

Los términos del tratado debían devolver todo a la situación anterior a la guerra. Sin embargo, aunque los territorios se devolvían a sus respectivos propietarios, no cambiaba el hecho de que Estados Unidos había vuelto a enfrentarse al poderío del Imperio británico. Aunque la guerra de 1812 le costó a Estados Unidos 15.000 vidas, elevó enormemente la moral de los estadounidenses, que ahora habían defendido a su incipiente nación contra la mayor potencia del mundo en ese momento. Las relaciones entre Estados Unidos y Europa mejoraron enormemente. Los barcos estadounidenses pudieron comerciar sin problemas con Francia, e incluso se reanudó el comercio con la propia Gran Bretaña.

Hoy en día, los Estados Unidos en general recuerdan la guerra de 1812 como algo positivo. Sin embargo, para los nativos americanos fue una pérdida estremecedora que provocó una tragedia, la pérdida de millones de acres de tierras ancestrales, una enfermedad rampante e incluso un genocidio. Los británicos habían sido la única esperanza de los nativos americanos para detener la implacable expansión hacia el oeste que estaba devorando poco a poco las tierras que habían recorrido durante siglos; eso suponiendo que la Corona británica hubiera cumplido sus promesas a los nativos americanos, que murieron por centenares durante la guerra de 1812. Aunque hubo muchas batallas valientes contra la marea de colonos que se acercaba, sin sus aliados británicos, los nativos americanos no tenían ninguna posibilidad. Decenas de miles de ellos serían masacrados e infectados con enfermedades europeas.

Para el propio Wisconsin, la guerra de 1812 marcó el comienzo de una nueva era. Wisconsin ya no era un territorio remoto en el que apenas se podía pensar, como había ocurrido durante la guerra de la Independencia. Wisconsin se había convertido en algo que los Estados Unidos querían defender, construir y explotar. Sus tierras vírgenes estaban cubiertas de asentamientos. Puede que comenzaran como aldeas de pioneros, pero con el tiempo se convirtieron en grandes comunidades, pueblos e incluso bulliciosas ciudades. Y aunque la batalla de Prairie du Chien, la primera gran batalla de Wisconsin, fue finalmente una derrota, llamó la atención sobre el hecho de que las defensas del territorio eran lamentablemente inadecuadas. El Fuerte Crawford fue construido en Prairie du Chien sobre las ruinas ennegrecidas del Fort Shelby en 1816. A Green Bay también se le dio un gran fuerte propio, que se llamó Fort Howard.

La guerra Winnebago

Una vez establecida la independencia de Gran Bretaña, y con los Estados Unidos situados firmemente en el mapa como una nación formidable por derecho propio, la floreciente población de los Estados Unidos comenzó a centrarse en lo que sería su principal preocupación durante el siguiente siglo: la expansión. A los ojos de los colonos blancos, la mayor parte del territorio estadounidense aún no había sido explorado, y sus recursos sin explotar rebosaban de potencial. La creciente población comenzó a expandirse por todo Estados Unidos, incluido Wisconsin. Pero allá donde iban, encontraban algo que podía ser una molestia o un gran obstáculo: los pueblos nativos.

El fracaso del levantamiento de Tecumseh no había puesto fin en absoluto al conflicto entre los nativos americanos y los pioneros. Dondequiera que hubiera una frontera, había enormes comunidades de personas que se consideraban de alguna manera indignas de la tierra y las libertades que los estadounidenses apreciaban tanto, gracias al racismo que era tan fundamental en el pensamiento del siglo XIX. Wisconsin no fue una excepción.

La guerra Winnebago no fue tanto una guerra real como un levantamiento aislado en lo que entonces era el Territorio de Michigan, pero fue un oscuro presagio de lo que estaba por venir. Los winnebago, o ho-chunk, habían mantenido relaciones en gran medida pacíficas con los colonos durante siglos, desde que Jean Nicolet entró en contacto con ellos por primera vez en el siglo XVI, con sus extravagantes ropas y sus modales amables. Sin embargo, a medida que Wisconsin se fue llenando de colonos, las cosas empezaron a agriarse entre los ho-chunk y los americanos. El comercio seguía activo, y las tensiones se mantenían a fuego lento en su mayor parte. La mayoría de los colonos creían que los nativos americanos podían ser "civilizados", lo que significaba que creían que las tribus podían ser asimiladas a la sociedad occidental.

Sin embargo, muchos ho-chunk no veían ninguna razón para cambiar todo lo que conocían y apreciaban solo por un grupo de colonos. Algunos de ellos incluso consideraron una solución violenta, aunque, según todas las apariencias, se trataba de una minoría aislada. Sin embargo, esta minoría podía ser extremadamente peligrosa.

Esto se hizo evidente en marzo de 1826. Una pequeña familia mestiza —parte nativa americana y parte europea— estaba recogiendo jarabe de arce cerca de Prairie du Chien cuando fue brutalmente asesinada a sangre fría. Al parecer, un grupo de asalto ho-chunk fue responsable del horrible incidente, y los militares estadounidenses los reprimieron inmediatamente. Dos hombres fueron detenidos por el asesinato, pero escaparon poco después.

En respuesta, el indignado ejército estadounidense, decidido a conseguir justicia para la familia asesinada, capturó a dos inocentes ho-chunk y los mantuvo como rehenes. No serían liberados hasta que los asesinos fueran llevados ante la justicia. La tribu cooperó rápidamente y, de acuerdo con sus antiguas tradiciones tribales, llevaron a seis ho-chunk a Fort Crawford ese verano. Desgraciadamente, la mayoría de estos hombres no estaban realmente implicados en el asesinato; los ho-chunk los consideraron sacrificios, chivos expiatorios para asegurar la libertad de los rehenes que llevaban semanas encarcelados en Fort Crawford. Esto enfureció aún más a los estadounidenses. Exigieron que les llevaran a los verdaderos asesinos y, finalmente, Waukookah y Mahnaatapakah fueron llevados a Fort Crawford. Fueron identificados como los hombres que habían asesinado a la pequeña familia en Prairie du Chien.

Los dos hombres fueron acusados poco después, y los rehenes fueron devueltos a la tribu Ho-Chunk. Eso bien podría haber sido el final del asunto. Estaba claro que los ho-chunk estaban dispuestos a la paz y que el asesinato de la familia había sido un incidente aislado. Por desgracia, los dos asesinos no permanecieron en Fort Crawford por mucho tiempo. En cambio fueron enviados a Fort Snelling, y aunque los ho-chunk tenían la impresión de que los asesinos serían encarcelados en lugar de ejecutados, rápidamente empezaron a circular rumores de que Waukookah y Mahnaatapakah habían sido asesinados. Las cosas se agravaron mucho más cuando empezaron a inundar los círculos Ho-Chunk más rumores que hablaban de un grupo de marineros que habían desembarcado de un barco de quilla estadounidense para capturar y violar a un grupo de jóvenes mujeres ho-chunk inocente.

Estos rumores no podían llegar en peor momento. Los estadounidenses habían descubierto plomo en Wisconsin. Esto ocurrió muchos años antes de que nadie fuera consciente de que el plomo podía ser venenoso, y el metal se utilizaba para hacer de todo, desde balas hasta lápices y pintura. El mundo entero estaba hambriento de plomo, y cuando los estadounidenses se enteraron de que los bosques de Wisconsin escondían abundantes cantidades del metal, acudieron en masa al territorio para extraerlo. Estos pioneros desesperados no tenían en cuenta de quién eran las tierras que explotaban. Llevaban años invadiendo ilegalmente las tierras de los ho-chunk, y el ejército estadounidense estaba más que contento de hacer la vista gorda. Incluso aquellos que esperaban "civilizar" a los ho-chunk seguían viéndolos como criaturas inferiores gracias a su herencia nativa.

A lo largo del otoño y el invierno, estos rumores perjudiciales y problemas muy reales desgastaron la relación de los ho-chunk con los estadounidenses. Se negaron a asistir a reuniones o encuentros. Como resultado, las relaciones diplomáticas se cortaron de forma efectiva, y el propio levantamiento comenzaría en junio de 1827.

Pájaro Rojo era un líder ho-chunk que estaba harto. Le estaban quitando su tierra, su pueblo estaba siendo oprimido y él había llegado al límite de sus fuerzas. Aquel verano, algo se rompió en su interior, algo oscuro y horrible que le inspiró una violencia atroz. Tenía que desquitarse con alguien, vengarse de todo lo que le habían hecho a su pueblo. Así que, con dos socios, se dirigió a la casa de Registre Gagnier, aparentemente para buscar la paz, pero, en realidad, para vengarse.

Gagnier estaba acompañado por un amigo de la familia y vivía en una pequeña cabaña con su mujer, su hijo y su pequeña hija. Era uno de los pocos colonos que estaban dispuestos a escuchar las preocupaciones de los ho-chunk, así que invitó de buen grado a Pájaro Rojo a su casa con los otros dos ho-chunk. Para Gagnier, su fe en los ho-chunk acabaría en tragedia.

No se sabe con exactitud qué ocurrió en esa cabaña en ese horrible día, quién fue el que cometió el asesinato o si los socios de Pájaro Rojo sabían lo que había estado planeando. En cualquier caso, en cuestión de minutos, Gagnier y su amigo estaban muertos, abatidos por los ho-chunk. A continuación se dirigieron a la señora Gagnier, dispuestos a hundir una bala de plomo en su cuerpo, pero ella había estado criando una familia en la frontera estadounidense durante años. Era tan dura como ellos, y se las arregló para arrebatarle el arma a uno de los ho-chunk, agarrar a su hijo y huir al bosque. Trágicamente, no pudo llegar hasta su hija. La niña, que gritaba, fue apuñalada y desollada viva.

Con las cabelleras de Gagnier, de su amigo y de la bebé en la mano —su pequeño cuero cabelludo casi sin pelo— Pájaro Rojo y sus amigos regresaron a su pueblo en Prairie La Crosse, donde la imagen inspiró a varios de sus habitantes a unirse a su rebelión. Animado por la facilidad con la que había masacrado a Gagnier, Pájaro Rojo estaba listo y sediento de más sangre estadounidense. Con un número cada vez mayor de partidarios furiosos, se dirigió a los barcos de quilla que viajaban por el río Misisipi, lanzando un ataque que acabaría con la muerte de dos estadounidenses y siete ho-chunk.

El miedo creció entre los colonos al darse cuenta de lo terriblemente superados que estaban por los nativos americanos que les rodeaban. La arrogancia que les parecía tan agradable al pensar que podían asimilar a los nativos americanos a su estilo de vida se había convertido en una amarga corriente de terror, y los colonos se prepararon para la guerra. Así lo hizo Pájaro Rojo. Quería venganza, y quería que los estadounidenses se fueran. Empezó a ponerse en contacto con otras tribus de Wisconsin, pero, para su sorpresa, tuvo un éxito limitado. A pesar de los problemas acuciantes que habían causado los colonos, la mayoría de las tribus nativas americanas no tenían ningún interés en la guerra. Solo convenció a unos pocos potawatomi para que se unieran al levantamiento atacando y matando al ganado que pertenecía a los colonos. Sin embargo, a instancias de otras tribus, los potawatomi desistieron. Incluso los otros ho-chunk —los que no vivían en el pueblo de Pájaro Rojo— se negaron a formar parte de su levantamiento.

Aun así, el ejército estadounidense se sintió intimidado por la violencia que Pájaro Rojo y su banda habían demostrado. Se construyó un nuevo fuerte y, a medida que avanzaba el verano, más y más tropas estadounidenses entraron en Wisconsin, llenando los fuertes Crawford y Howard con soldados estadounidenses y sus aliados nativos americanos, que se habían puesto del lado de los colonos con la esperanza de asegurar la paz rápidamente. No se lanzaron ataques, pero la amenaza inminente del ejército estadounidense fue más que suficiente para acobardar a Pájaro Rojo. Se dio cuenta de la situación a la que se enfrentaba y de que estaba en gran medida solo en su sed de guerra, y no se tomaron más medidas.

Por el contrario, asustados por la posibilidad de una guerra, los ho-chunk decidieron cooperar con los militares una vez más. Finalmente, entregaron a Pájaro Rojo y a sus socios al ejército estadounidense. Mientras que muchos de los ho-chunk fueron completamente indultados y se les permitió regresar a su pueblo, el propio Pájaro Rojo no tendría tanta suerte. Fue encarcelado durante varios meses antes de contraer disentería y morir entre rejas.

La guerra del Halcón Negro

La idea de "civilizar" a los nativos americanos había sido popular entre los colonos de Wisconsin durante años, pero la guerra Winnebago cambió radicalmente esa idea. La espantosa violencia del ataque de Pájaro Rojo a la familia Gagnier había dejado a los colonos aturdidos, su confianza en los nativos americanos destruida. Muchos de ellos pasaron a pensar que había que desarraigar completamente a los nativos americanos de Wisconsin y expulsarlos hacia el oeste.

Solo cinco años después de la guerra Winnebago, estalló un segundo levantamiento que empeoró aún más las relaciones de los colonos con los nativos americanos. Esta vez, fueron los antaño amistosos sauk los que se alzarían en protesta por la constante invasión de los estadounidenses en la tierra en la que su tribu había vivido durante miles de años, quizá desde que el mastodonte Boaz fue asesinado con una punta de lanza Clovis.

El líder de esta rebelión se llamaba Halcón Negro. Nacido en 1767, vivía en Saukenuk, la misma aldea a la que habían huido los traumatizados, heridos y desaliñados restos de la tribu Meskwaki después de que las guerras con los Fox los hubieran hecho pedazos. Ahora, los fox y los sauk habían crecido juntos, y Saukenuk era una parte importante de su sociedad. Desgraciadamente, también corría el peligro de ser tomada por completo por los colonos americanos. A pesar de que los sauk llevaban cientos de años viviendo allí, los colonos creían que tenían más derecho a esa tierra rica en plomo que sus habitantes nativos y exigían su propiedad. En 1804, los sauk y otras tribus cedieron oficialmente sus tierras a los estadounidenses, con la esperanza de evitar un conflicto. Al principio, esto parecía haber funcionado, ya que los colonos estadounidenses no llegaron a Saukenuk durante décadas.

Sin embargo, con el tiempo, el insaciable apetito de los estadounidenses por la tierra había engullido cada trozo de tierra hasta llegar al propio Saukenuk. Halcón Negro había contemplado una vez una naturaleza virgen desde su aldea. Ahora, había colonos por todas partes, y empezaban a exigir que Halcón Negro se llevara a su gente y se marchara. Aunque había cedido legalmente sus tierras a los estadounidenses, esta última injusticia irritó a Halcón Negro de forma indescriptible. Se atrincheró y se negó a irse.

Sabiendo que negar la tierra a los estadounidenses era como una declaración de guerra, Halcón Negro comenzó a reunir el apoyo de otras tribus. Era un hombre muy respetado, más que Pájaro Rojo, y las otras tribus empezaban a estar más desesperadas. Halcón Negro también se apresuró a señalar a las tribus que sabía que lucharían contra los estadounidenses. Tenía a los sauk, y también se acercó a las tribus Meskwaki y Kickapoo, que habían luchado en el bando británico durante la guerra de la Independencia y la guerra de 1812. En cuestión de semanas, Halcón Negro había reunido un ejército considerable, que constituía una amenaza mucho mayor para los colonos de Wisconsin que la rebelión dispersa de Pájaro Rojo.

El Ejército de los Estados Unidos se apresuró una vez más a responder. Se reunió una milicia y se puso bajo el mando del general Edmund P. Gaines, que estaba decidido a dar una lección a los nativos americanos sobre la entrega a los pioneros estadounidenses de las tierras que tanto deseaban. Atemorizado por el tamaño de la milicia, Halcón Negro regresó a su lado del Misisipi, escondiéndose durante un tiempo mientras preparaba a sus tropas. Sin embargo, no se mantendría alejado por mucho tiempo. El 5 de abril de 1832, volvió a cruzar el Misisipi y se enfrentó al ejército de Gaines en la primera oleada de violencia de la guerra del Halcón Negro.

Halcón Negro no tardó en darse cuenta de que se encontraba en una situación de gran dificultad. Al igual que otros líderes antes que él, Halcón Negro había subestimado el tamaño del ejército estadounidense y, durante la batalla, se dio cuenta de que esta lucha sería inútil. Intentó rendirse, pero la confusión seguía reinando. Con la sangre de los soldados aún ardiendo por la batalla, un soldado estadounidense disparó y mató a uno de los hombres de Halcón Negro. La batalla comenzó de nuevo, y la guerra del Halcón Negro había comenzado oficialmente.

A pesar de los recelos de Halcón Negro, todo empezó bien para los nativos americanos. Al mes siguiente, Halcón Negro se enfrentó de nuevo al ejército estadounidense, y esta vez obtuvo una poderosa victoria que dejó a los estadounidenses lamiéndose las heridas. Fortalecidos por esta victoria, Halcón Negro y sus tropas resistieron durante el verano, manteniendo a los americanos fuera de sus tierras hasta que una terrible batalla prácticamente aniquiló a los nativos americanos el 2 de agosto. A Halcón Negro no le quedó más remedio que rendirse. Había perdido unos 600 hombres, mientras que solo murieron 70 estadounidenses.

Para Halcón Negro, un orgulloso guerrero que había hecho todo lo posible por proteger su tierra y su pueblo, la historia termina en una terrible humillación. No solo los estadounidenses tomaron Saukenuk, sino que el propio Halcón Negro fue encadenado y arrastrado por todos los territorios de Estados Unidos como una especie de trofeo de guerra. Golpeado, arrastrado, atado de manos, enfadado e indefenso, Halcón Negro fue exhibido a otros nativos americanos para mostrarles lo inútil que sería organizar un levantamiento. De un pueblo a otro, Halcón Negro se vio obligado a ver morir la esperanza ante los ojos de los nativos americanos.

Su muerte fue pacífica, pero no por ello menos humillante. Halcón Negro viviría el resto de sus días bajo la supervisión de un líder sauk que había sido durante mucho tiempo uno de sus enemigos: tuvo una muerte natural.

La guerra del puente de Milwaukee

A mediados del siglo XIX, Wisconsin había participado de forma intermitente en una u otra guerra durante casi cien años. Desde la reñida Revolución estadounidense hasta la amarga guerra de 1812, la sangrienta guerra Winnebago y la desastrosa guerra del Halcón Negro, Wisconsin había sido testigo de años de conflictos mortales. Pero la siguiente guerra que tuvo lugar en este territorio fue mucho menos mortífera y su origen fue único y divertido.

Con los nativos americanos fuera del camino, Wisconsin era lo suficientemente seguro como para que los colonos llegaran a raudales. Se trataba de jóvenes valientes, pero a menudo sin dinero, y dispuestos a buscar fortuna. Antes de la guerra Winnebago ya había unos 4.000 mineros de plomo en Wisconsin. Ahora que no había competencia por la tierra, los colonos acudieron en masa para explotar la tierra rica en plomo de Wisconsin. Aunque algunos de estos mineros eran estadounidenses, muchos eran inmigrantes del Viejo Mundo. Al principio, muchos venían de Cornualles. Más tarde, los inmigrantes alemanes y escandinavos se convertirían en algo habitual en Wisconsin.

Aunque estos buscadores llegaban a Wisconsin en busca de un metal mucho menos romántico que el oro, el efecto en el estado no fue muy diferente de una versión en miniatura de la Fiebre del Oro de California. Las ciudades en auge empezaron a surgir por todo Wisconsin; nombres como "New Diggings" apuntan a los orígenes de estas ciudades como pueblos mineros de plomo. Pronto, Wisconsin dejó de ser una colonia lejana que no interesaba a nadie.

Los mineros que producían su plomo, al igual que los buscadores de oro en el Oeste, eran a menudo hombres empobrecidos que habían gastado su último centavo para trasladarse a Wisconsin. Vivían en refugios destartalados durante el verano, trabajando constantemente la tierra. Cuando llegaba el invierno, rara vez tenían los medios para construir cabañas en las que vivir. En su lugar, excavaban madrigueras en la tierra helada de las colinas, buscando refugio de los elementos en estos agujeros en el suelo, como los tejones. Por esta razón, Wisconsin recibió el apodo de "Estado de los tejones", que sigue vigente hasta el presente.

En 1836, Wisconsin producía la mitad del plomo de Estados Unidos. El 20 de abril de ese año, se convirtió en un territorio formal con un gobernador, siendo el primero Henry Dodge. Sin embargo, en aquella época el Territorio de Wisconsin era muy diferente al Estado de Wisconsin que conocemos hoy. Por un lado, era enorme; contenía los actuales Wisconsin, Minnesota, Iowa y gran parte de Dakota del Norte y del Sur.

Belmont, hoy un pequeño pueblo, fue la primera capital de Wisconsin. En la actualidad, su población ronda los 1.000 habitantes; en aquel entonces, era aún más pequeña, y pronto se demostró que era insuficiente para ser la capital de un territorio tan vasto. En cambio se construyó una nueva ciudad a orillas de cuatro lagos: Mendota, Monona, Kegonsa y Waubesa. Se le dio el nombre de Madison en honor al presidente de los Estados Unidos. Madison sigue siendo la capital de Wisconsin hasta el día de hoy.

Incluso entonces —y hasta hoy— Madison no era la ciudad más grande de Wisconsin. Ese honor corresponde a Milwaukee. En la actualidad, Milwaukee es la quinta ciudad más grande del Medio Oeste, pero ha sido un asentamiento humano desde hace más tiempo del que realmente conocemos, quizás incluso más tiempo del que han existido las tribus Ho-Chunk y Menominee. Es probable que sus antepasados se asentaran en el lugar por primera vez muchos años antes de que Cristóbal Colón zarpara.

A finales del siglo XVIII, un francés construyó un puesto comercial en Milwaukee y pasó allí una temporada entre los ho-chunk, que lo habían convertido en su hogar. En los cincuenta años siguientes, la ciudad fue invadida inevitablemente por los estadounidenses y se convirtió en uno de los terrenos más prometedores de Wisconsin, gracias a su ubicación en el lago Michigan.

No pasó mucho tiempo antes de que tres estadounidenses se dieran cuenta de lo prometedora que era la zona de Milwaukee. Como en aquella época estaba en gran parte sin desarrollar, era perfecta para construir casas y negocios, y estos tres hombres compraron rápidamente parcelas de tierra una al lado de la otra. Estos hombres eran Byron Kilbourn, Solomon Juneau y George Walker, los padres de Milwaukee.

Construir sus parcelas de tierra desnuda para convertirlas en algo más no fue difícil. De hecho, los edificios surgieron tan rápidamente que no pasó mucho tiempo antes de que cada parcela estuviera tan edificada que las secciones parecían una sola ciudad. Solo había dos barreras entre las secciones: el río Milwaukee y la rivalidad de los residentes entre sí.

"Milwaukee" aún no era una ciudad. De hecho, los lados oeste y este de la ciudad, que estaban separados por el río, se llamaban Juneautown y Kilbourntown en honor a sus fundadores, y estos dos hombres mantenían una tenaz rivalidad (George Walker, cuya ciudad se llamó Walker's Point, estuvo menos implicado en el conflicto). Kilbourntown, en el oeste, era más grande y próspero; Byron Kilbourn hizo todo lo posible por mantener las cosas así, alienando al lado este. Mientras tanto, Juneautown, en el este, se negaba obstinadamente a retroceder y reconocer la superioridad de Kilbourntown. Un resentimiento similar se fraguó entre los residentes; los del lado oeste se consideraban muy superiores a la chusma del este, que pensaba que los del lado oeste eran unos snobs arrogantes.

Sin embargo, aunque los habitantes no querían saber nada el uno del otro, se necesitaban mutuamente. Las dos ciudades no eran independientes la una de la otra, por mucho que quisieran. Los residentes tenían que cruzar una y otra vez el río para llegar a los negocios, las iglesias y las oficinas de correos. Por ello, era necesario construir un puente sobre el río Milwaukee. Sin embargo, Kilbourn y Juneau se negaron obstinadamente a ser quienes unieran sus dos ciudades; estaban decididos a aferrarse a su supuesta independencia. Así que un cansado transbordador cruzaba de un lado a otro varias veces al día, lo que suponía largas y frustrantes esperas para los ciudadanos, que a veces no podían cruzar cuando no había espacio en el transbordador.

Finalmente, cuando quedó claro que ninguno de los dos iba a madurar y trabajar juntos, los comisionados del condado se involucraron. Se financió y construyó un puente en 1840, pero su construcción no fue fácil. Como Juneau y Kilbourn eran rivales, nunca habían soñado que sus dos pueblos pudieran estar unidos algún día, por lo que las calles de los pueblos no estaban alineadas. El puente tuvo que construirse en ángulo sobre el río para que conectara las calles Division y Chestnut.

El puente era una piedra en el zapato de Kilbourn, pero para los residentes era un regalo del cielo. Por fin podían cruzar el puente a pie o en carruaje si querían ir al otro lado de la ciudad. La mejora fue tan grande que los residentes comenzaron a financiar y construir sus propios puentes en otras partes de Milwaukee. Aunque esto facilitó mucho los desplazamientos, algunos de los residentes del lado oeste, espoleados por Kilbourn, estaban muy descontentos con este puente. Para empeorar las cosas, aunque el puente de Chestnut Street era un puente levadizo que permitía el paso de los barcos por el Milwaukee y hacia el lago, Kilbourn alegó amargamente que el puente interfería con el tráfico marítimo, que en su mayoría se dirigía a sus puertos en el lago Michigan.

El puente llevaba cinco años en pie cuando las cosas llegaron a un punto crítico. Una goleta chocó contra uno de los puentes sobre el Milwaukee, y los residentes del lado oeste, que seguían pagando un impuesto elevado por la construcción del puente de la calle Chestnut, se indignaron ante la perspectiva de pagar aún más impuestos para reparar el puente. El 8 de mayo de 1845, formaron una turba furiosa y asaltaron el puente de la calle Chestnut, derribando el lado oeste del mismo y enviando el dinero de sus propios impuestos a las aguas espumosas del Milwaukee.

El conflicto fue apodado la guerra del Puente. "Guerra" es una pequeña hipérbole; hubo algunos heridos y muchos daños materiales, pero nadie murió en el conflicto. Aun así, la violencia se extendió por las calles, ya que los ciudadanos de Kilbourntown y Juneautown derribaron los puentes. Los habitantes de Juneautown incluso llenaron un cañón de pesas de reloj y amenazaron con dispararlo contra la casa de Kilbourn.

Los disturbios y las rachas de violencia, así como la demolición de puentes, continuarían durante varios meses y hasta bien entrado el invierno. Aunque algunos de los puentes acabaron reconstruyéndose, ya que la gente se dio cuenta de que los necesitaba, no hubo una resolución real hasta enero de 1846, cuando Kilbourntown, Juneautown y Walker's Point se unificaron oficialmente en la única ciudad de Milwaukee.

Las evidencias de la guerra de los Puentes de Milwaukee aún perduran en la actualidad. Aunque la ciudad unificada prosperó y ha crecido hasta convertirse en la mayor ciudad de Wisconsin, las calles del centro de Milwaukee siguen sin estar alineadas. Los puentes que cruzan el río siguen construyéndose en ángulo gracias a las mezquinas disputas de sus obstinados primeros residentes.

A punto de convertirse en Estado

Al final de la guerra del Puente de Milwaukee, Wisconsin era un lugar muy diferente al que había sido al final de la colonización británica. Se había convertido en un territorio de un Estados Unidos libre. Había sido testigo de su primera gran batalla durante la guerra de 1812, y había sido el escenario de dos amargos conflictos entre los nativos americanos y los colonos blancos. Sus colonos habían tenido incluso su primera disputa entre ellos. Wisconsin había pasado de ser el hogar de un puñado de tramperos, mineros y valientes pioneros a ser un territorio lleno de pueblos y ciudades, que producía una gran cantidad de plomo.

Wisconsin había visto muchos conflictos desde la Revolución estadounidense. Pero estaba a punto de enfrentarse al conflicto más amargo de todos: la guerra civil estadounidense.

Capítulo 5 - Wisconsin como Estado

Ilustración III: Soldados de Wisconsin de la Brigada de Hierro en la guerra civil estadounidense

En la época de la guerra del Puente de Milwaukee, la población de Wisconsin había crecido hasta los 150.000 habitantes. Su floreciente industria minera del plomo y su creciente sector agrícola sostenían una comunidad vibrante, aunque todavía no era un estado oficial.

Con la guerra del Puente de Milwaukee fuera del camino, a principios de 1846, los ciudadanos estaban decididos a cambiar eso. Ese año se celebró una convención y se redactó un documento. Sus ideas eran enormemente progresistas para la época; sugería la posibilidad de permitir el voto a la gente de color. Sin embargo, esta idea era demasiado extrema incluso para los librepensadores de Wisconsin, y al año siguiente se redactó otro documento que tranquilizó a los ciudadanos más conservadores lo suficiente como para que votaran a favor de la estadidad el 29 de mayo de 1848. Wisconsin se convirtió en el 30º estado.

Wisconsin había sido presidido por un gobernador desde su ingreso en EE. UU. como territorio doce años antes. El año en que se convirtió en estado, hubo que elegir un nuevo gobernador, que tendría que ser un hombre notable para cambiar la política de Wisconsin de territorio a estado. En aquella época, los Estados Unidos tenían dos grandes partidos políticos: los demócratas y los whigs. El primer gobernador del estado de Wisconsin fue un demócrata, y su nombre era Nelson Dewey.

Gobernador Nelson Dewey

Dewey nació en Connecticut y estudió en el Estado de Nueva York en la Academia Hamilton antes de trasladarse a Cassville, Wisconsin, un pequeño pueblo donde ejerció la abogacía. Gracias a su trabajo como abogado, Dewey fue elegido para su primer cargo político: el Registro de Escrituras de su condado local, el condado de Grant. En ese momento, Henry Dodge era todavía el gobernador del Territorio de Wisconsin, y conoció a Dewey mientras este era el Registro de Escrituras. La diligencia y el intelecto del joven impresionaron a Dodge, que le ayudó a desempeñar el cargo de juez de Paz en 1838.

Durante los diez años siguientes, Dewey seguiría ampliando su carrera política y su patrimonio personal. Llegó a ser fiscal del distrito del condado de Grant y formó parte del consejo territorial durante un tiempo. También comenzó a invertir en las minas de plomo que habían puesto a Wisconsin en el mapa, así como a comprar grandes extensiones de tierra en su pueblo y sus alrededores hasta que fue dueño de la mayor parte de Cassville. Al parecer, era un terrateniente simpático. Cuando se unió al Partido Demócrata poco antes de que Wisconsin se convirtiera en un estado, fue rápidamente elegido para convertirse en su líder. Venció al candidato Whig para convertirse en el primer gobernador de Wisconsin a la edad de treinta y cinco años.

Muchos de los puntos de vista de Dewey marcarían la política de Wisconsin en las décadas siguientes, incluido su papel en la guerra civil. Aunque el Partido Demócrata de la época no siempre estaba en contra de la esclavitud, Dewey era un abolicionista devoto. Mientras muchos de los estados del Sur se aferraban a su derecho a tener, vender y abusar de los seres humanos, Dewey se negó a permitir la esclavitud en su estado, y también se pronunció en contra de que se permitiera la esclavitud en cualquiera de los nuevos estados que se incorporaban rápidamente a EE. UU. durante esta época de constante expansión hacia el oeste. Como estado, Wisconsin nunca vería a sus residentes afroamericanos encadenados. Dewey también hizo que la transición a la condición de estado fuera fluida, y Wisconsin prosperó bajo su liderazgo.

Trágicamente, la historia personal de Dewey no termina bien. Una vez finalizado su mandato como gobernador, nunca volvió a tener éxito político, aunque se presentó a varios cargos en los años siguientes. Su vida familiar también empeoró; uno de sus tres hijos murió joven, y su mujer le abandonó con los otros dos, marchándose finalmente a Europa; nunca volvió a ver a Dewey. Incluso perdió toda su riqueza en el pánico de 1873 y murió solo y sin dinero en el pueblo que antes poseía.

La fuga de Joshua Glover

Las creencias de Dewey como abolicionista hicieron de Wisconsin un estado importante para los esclavizados que buscaban escapar de sus duras cadenas. Missouri, entonces el estado esclavista más septentrional, estaba separado de Wisconsin solo por Iowa, lo que hacía posible que los esclavos de Missouri huyeran a un lugar seguro en Wisconsin. Muchos cruzaban Wisconsin en su intento de llegar al Canadá libre.

Sin embargo, dos años después de que Wisconsin se convirtiera en estado, la mayor parte de su población, que se había duplicado en solo cinco años, estaba compuesta por yanquis del noreste de Estados Unidos, inmigrantes alemanes e inmigrantes británicos, aunque también había más de 60.000 nativos de Wisconsin. A pesar de que la creación del estado de Wisconsin había coincidido con el declive de la minería del plomo, sus industrias agrícola y maderera crecían a un ritmo que permitía mantener a su floreciente población con facilidad, en gran parte gracias a los ferrocarriles que se habían extendido desde Chicago, Illinois, hasta Wisconsin en 1850. Esto facilitó la exportación de mercancías al resto de Estados Unidos, lo que provocó un auge tan grande de las industrias que en 1854 el ferrocarril había llegado a Madison. Pronto, todo el estado de Wisconsin estaba servido por una red de trenes de vapor.

Otro ferrocarril —este en sentido figurado— también se extendía por Wisconsin en esa época. Aunque Wisconsin, al igual que la mayor parte del norte de Estados Unidos, no permitía la esclavitud, todo el país seguía sometido a la bárbara Ley de Esclavos Fugitivos. Esta ley había acabado con la esperanza de muchos esclavos que acababan de saborear la libertad, ya que dictaminaba que los esclavos fugados podían ser capturados y devueltos a sus dueños, aunque consiguieran llegar a un estado libre. Los "cazadores de esclavos", personas que rastreaban a los esclavos fugados hasta los estados libres, a menudo los capturaban en el mismo umbral de su libertad, arrastrándolos de nuevo a una vida dura y abusiva. Los abolicionistas luchaban contra este acto, pero mientras tanto, tenían que encontrar una forma de ayudar a los esclavos a escapar hacia la verdadera libertad: Canadá. Allí ningún cazador de esclavos podría seguirlos.

Para ello, los movimientos abolicionistas establecieron una red de hogares en los estados del norte donde se podía ofrecer a los esclavos fugados refugio y seguridad frente a los cazadores de esclavos, lo que les permitía atravesar los estados hasta Canadá con relativa seguridad. Esta red recibió el apodo de "Ferrocarril Subterráneo", aunque no había trenes reales. Uno de los abolicionistas más importantes de Wisconsin fue Sherman Booth, líder del Ferrocarril Subterráneo en el estado. También publicó el *Wisconsin Freeman*, un periódico abolicionista. Ayudó a muchos esclavos a través del Ferrocarril Subterráneo a alcanzar la libertad.

No todos los esclavos fugados se limitaron a pasar por Wisconsin. De hecho, muchos fugitivos encontraron las comunidades de Wisconsin tan agradables que se arriesgaron a ser capturados para vivir su vida entre sus bosques y lagos, encontrando fácilmente trabajo en sus florecientes industrias. Uno de ellos se llamaba Joshua Glover.

Poco se sabe de los primeros años de vida de Joshua. Como la mayoría de los esclavos, no se le consideraba un ser humano, y solo se conservaban registros rudimentarios de su existencia antes de su fuga. También estaba absolutamente prohibido que los esclavos aprendieran a leer o escribir; de hecho, muchos, como Joshua, no sabían su propia fecha de nacimiento, por lo que nadie sabe exactamente cuándo nació Joshua. La mejor estimación de la historia es entre 1810 y 1830.

Aunque los antepasados de Joshua habían nacido en África y fueron embarcados a través del océano Atlántico en las condiciones más brutales imaginables, el propio Joshua nació en Estados Unidos de dos padres esclavos. No está claro si sus padres estaban enamorados o si fue "criado", lo que significa que sus padres fueron obligados a tener hijos como si no fueran más que cerdos o ganado. Habría crecido en peores condiciones de las que la mayoría de los granjeros tienen a su ganado. La madre de Josué, que dormía por la noche en un sucio tugurio comunal, probablemente se vio obligada a trabajar durante todo su embarazo e incluso cuando amamantaba a su hijo. Si no conseguía mantener el ritmo de trabajo, habría sido castigada físicamente, quizás con una brutal flagelación.

Al haber nacido de una esclava, Joshua era automáticamente un esclavo, lo que le convertía en propiedad del dueño de su madre. Mientras los hijos de su dueño jugaban con juguetes, montaban en sus ponis e iban a la escuela, Josué aprendía las rutinas de trabajo y ayudaba a su madre en sus tareas. Esto ocurría ya a los cuatro años. El tiempo de juego era escaso; en un intento de mantener a sus esclavos sometidos y con menos probabilidades de escapar o rebelarse, muchos propietarios solo les permitían dormir tres o cuatro horas cada noche y aún menos tiempo para ellos. A los ocho o diez años, Joshua se ponía a trabajar por su cuenta, y corría el riesgo de ser vendido directamente de los brazos de su madre. Cualquier intento de resistirse sería respondido con un severo castigo físico. Se le obligaba a realizar todo tipo de tareas serviles según la voluntad de su dueño; los niños solían trabajar en el campo, pero también podían ser empleados en las cocinas o en los jardines. A los esclavos ni siquiera se les enseñaba a hablar correctamente el inglés. A pesar de que el inglés era su primera y normalmente única lengua, su gramática y pronunciación eran habitualmente pobres. A los dueños de los esclavos les gustaba que fuera así. Les hacía parecer estúpidos e inferiores a los oídos académicamente educados de quienes carecían de la suficiente humanidad para reconocer que los hombres y mujeres que poseían, vendían, compraban y maltrataban eran personas como ellos.

No sabemos cuándo fue vendido exactamente Joshua por su dueño original ni por cuántos dueños pasó antes de que la historia lo encontrara por primera vez en 1850. Con una edad comprendida entre los veinte y los cuarenta años, Joshua fue vendido al último dueño que tendría el 1 de enero. Este hombre, Benammi Stone Garland, era residente de San Luis, Missouri. En aquella época, los estados esclavos y libres estaban separados por la geografía; el Compromiso de Missouri llevaba el nombre del estado más septentrional de la esclavitud. Los estados al sur de Missouri mantenían los esclavos, mientras que los estados al norte no lo hacían. En San Luis, Joshua se encontró en el límite del mundo de la esclavitud, a pocos kilómetros de Illinois. Aunque Illinois tenía leyes duras y racistas, seguía siendo un estado libre. Justo al otro lado de esa frontera, hombres y mujeres de piel morena vivían libres mientras Joshua trabajaba bajo la opresión de Garland. Cortaba leña, acarreaba agua y limpiaba establos sin cobrar nada, mientras que sus compañeros del otro lado de la frontera se casaban, trabajaban y aprendían a leer.

Durante dos años, Joshua realizó las tareas más insignificantes para Garland, sufriendo castigos y enfrentándose a un largo e insignificante día tras otro. Finalmente, en 1852, no pudo aguantar más. Escapó a Illinois a pie y sin dinero, con nada más que la esperanza y el valor para seguir adelante. Tardó semanas en recorrer el estado a pie hasta que finalmente llegó a la ciudad de Racine, Wisconsin, cercana a Milwaukee.

Wisconsin no era Canadá, pero a Joshua le gustó al instante. Se sentía lo suficientemente lejos de Missouri, y este estado libre parecía un mundo diferente. Aunque a los afroamericanos aún no se les permitía votar en Wisconsin, todavía tenía algunas de las leyes más progresistas de Estados Unidos, y Joshua encontró allí una vida libre y feliz. Encontró fácilmente un empleo y se instaló en una casa en Racine, donde vivió durante dos felices años, haciendo amigos y viviendo por fin el sueño de ser un hombre libre.

Pero Joshua no era un hombre libre. Ningún esclavo fugado en Estados Unidos podía ser realmente libre, no mientras existiera la Ley de Esclavos Fugitivos. A pesar del creciente movimiento abolicionista de Wisconsin y sus fuertes ideologías políticas sobre la libertad, no había nada que los habitantes de Wisconsin pudieran hacer si un esclavo fugado era detenido y arrastrado de nuevo a una vida de esclavitud. Al menos, no había nada hasta que en marzo de 1854 se hizo famosa la historia de Joshua Glover.

Joshua estaba en su casa, con la visita de un par de amigos, en una hermosa tarde de primavera en la pequeña ciudad. Lo que no sabía, sin embargo, era que uno de sus supuestos amigos no era más que un traidor. Tal vez sobornado con dinero o movido por el racismo (la historia no aclara la identidad de este "amigo"), este hombre había dicho a los cazadores de esclavos dónde podía encontrarse Josué. E incluso mientras Josué hablaba y reía en su propia casa, su antiguo dueño se acercaba sigilosamente, respaldado por otros siete, entre ellos un alguacil y numerosos cazadores de esclavos. Estos hombres capturaban y sometían a personas libres para ganarse la vida. Para ellos, Joshua no era más que un sueldo más.

Irrumpieron en su casa, sometieron a su verdadero amigo y atacaron a Joshua. Antes de que Joshua se diera cuenta de lo que estaba ocurriendo, le golpearon el cráneo con un palo de madera, tirándolo al suelo. La espantosa frialdad de los grilletes de acero le rodeó las muñecas. La sensación le llenó de un viejo terror, de décadas de traumas que le impulsaron a ponerse en pie. Luchó por liberarse, por salir corriendo hacia la oscuridad que podía salvarle. Pero era una lucha injusta, ocho contra uno. Los hombres cayeron sobre él con los puños y los pies, y Joshua fue brutalmente golpeado dejándolo inconsciente.

Cuando Joshua despertó, estaba de nuevo entre rejas, languideciendo en la cárcel de Milwaukee. Fue una noche oscura, y a la mañana siguiente, Garland lo arrastraría de vuelta a su antigua vida en San Luis: una vida sin amigos, sin amor, sin derechos, sin voz. Aquella fría noche en la cárcel debió de ser inimaginablemente terrible para un hombre que había bebido tan profundamente de la copa de la libertad solo para que ese líquido vital le fuera arrancado tan cruelmente de sus desesperadas manos.

Pero no fue así. La gente de Racine se había enterado del secuestro de Joshua y en una noche se levantó en armas. Joshua era un miembro respetado de su comunidad; era un amigo, un conciudadano, un habitante de Wisconsin. Y la gente de Racine no iba a permitir que le trataran como a un ganado descarriado. El amigo de Joshua les había contado la brutal paliza que el pobre hombre ya había sufrido. Los habitantes de Racine creían en la libertad, y ya estaban hartos.

No pasó mucho tiempo antes de que Sherman Booth descubriera lo que había sucedido, y su sangre ardía por liberar a Joshua. Tomando un caballo, Sherman corrió por las ciudades locales, llamando a las armas a Racine y Milwaukee. Y aunque Sherman sabía que la ley no estaba de parte de Joshua, había algo más poderoso que la ley: la voz del pueblo.

Cuando Garland se despertó a la mañana siguiente, se encontró con un espectáculo impresionante. Los habitantes de Racine y Milwaukee se habían movilizado, y miles de ellos —unos 5.000 según algunas estimaciones, lo que suponía una cuarta parte de la población de Milwaukee en ese momento— se habían reunido frente a la cárcel en la que se encontraba Joshua. Sus protestas se habían convertido en un motín en las calles. Olas de ira, ruido y descontento golpeaban contra las paredes, y desde donde estaba acurrucado en una celda oscura, Joshua podía oír el rugido de sus partidarios desde la calle. Se oía el crujido y el chasquido de las hogueras, que arrojaban parte de su resplandor amarillo a su prisión; los cañones hablaban y sus estampidos hacían temblar el suelo; le llegaban fragmentos de música que le hacían sentir la esperanza que le había llevado desde San Luis hasta Racine.

Fueron tales las protestas que finalmente se firmó una orden judicial para liberar a Joshua. Sin embargo, el sheriff que presidía la cárcel era consciente de que se trataba de aguas legalmente turbias. Se negó a dejar libre a Joshua y Sherman tomó cartas en el asunto. Sabía que los manifestantes estaban enardecidos y que superaban con creces a las autoridades de Milwaukee. Después de reunirlos, irrumpió en la cárcel.

En unos momentos, Joshua tenía un ejército de personas en la cárcel con él. En unos momentos más, derribaron la puerta y lo sacaron a la luz del día. Un caballo y una calesa estaban esperando para llevar a Joshua a la libertad, y el hombre exhausto y herido fue metido a salvo en la calesa y conducido lejos de la ciudad en poco tiempo. Joshua Glover era libre por fin.

Joshua viviría el resto de su vida en una relativa oscuridad. El Ferrocarril Subterráneo lo llevó a salvo a Canadá, donde vivió sus años en libertad. Pero su nombre permaneció en los labios de los habitantes de Wisconsin, y sonó con indignación. El hecho de que un miembro de una comunidad de Wisconsin estuviera a punto de ser arrastrado a la esclavitud era intolerable para muchos, y llevó al límite el creciente descontento por la Ley de Esclavos Fugitivos. El Tribunal Supremo de Wisconsin declaró ilegal la Ley de Esclavos Fugitivos poco después del incidente de Joshua Glover. Aunque el Tribunal Supremo de EE. UU. anuló este fallo, Wisconsin se opuso, haciendo ilegal la captura de cualquier esclavo fugitivo en el estado.

Esta división se repetía en todo Estados Unidos durante la década de 1850. Un estado libre tras otro se oponía a la Ley del Esclavo Fugitivo y a la esclavitud en general. Los movimientos abolicionistas estaban ganando poder, y en Wisconsin, el primer partido político abolicionista nació solo meses después de la fuga de Joshua.

El nacimiento del Partido Republicano

En la década de 1850, las tensiones en torno a la esclavitud habían aumentado durante décadas, y estaban a punto de estallar. La primera grieta en la superficie se produjo en 1854. La expansión hacia el oeste había reclamado vastas extensiones de territorio en el oeste americano, extendiendo los Estados Unidos hasta su costa occidental. Las barracas de los mineros estaban siendo reemplazadas por granjas, y la era del Viejo Oeste estaba en marcha, con los pioneros dando paso a los colonos permanentes empeñados en ganarse la vida en estas duras nuevas tierras. Y allá donde iban los estadounidenses, la cuestión de la esclavitud iba con ellos.

Los abolicionistas se opusieron firmemente a permitir que un sistema tan brutal y arcaico continuara en los nuevos estados, argumentando que todos los nuevos estados del oeste debían ser libres. Y al principio, así fue. La distinción geográfica del Compromiso de Missouri funcionaba bien. Todo cambió en 1854, cuando la Ley Kansas-Nebraska permitió a los colonos votar si querían o no que la esclavitud les siguiera a sus estados.

Fue un gran golpe para el movimiento abolicionista. Fue un desastre político incluso para los que eran neutrales en la cuestión de la esclavitud. En ese momento, el equilibrio de poder en Estados Unidos estaba claramente dividido en una línea: la esclavitud. Los estados libres del Oeste estaban naturalmente más inclinados a aliarse con los políticos y las ideas del Norte, y la llegada de la esclavitud al Oeste podía inclinar la balanza de poder a favor del Sur. Las tensiones aumentaron, pero en ningún lugar tanto como en el propio Kansas.

Los colonos de Kansas sentían pasión por la cuestión de la esclavitud, al igual que la gente de todo el país. Sin embargo, en el resto del país, existían claras distinciones entre los estados esclavos y los libres. Ahora que Kansas podía ir en cualquier dirección, sus ciudadanos empezaron a luchar por el tema, y no pasó mucho tiempo antes de que la lucha se volviera física. En 1856, era prácticamente una guerra civil dentro de las fronteras de un solo territorio, lo que llevó a un período de tres años de violencia conocido como Sangrado de Kansas.

En la época del Sangrado de Kansas, había dos grandes partidos políticos en Estados Unidos, pero un tercero estaba ganando poder rápidamente. El primero era el Demócrata (originalmente el Demócrata-Republicano), el segundo era el Whigs. Aunque algunos líderes demócratas o whigs podían ser abolicionistas, como era el caso de Nelson Dewey, ninguno de los dos partidos había adoptado una postura firme para detener la esclavitud en los estados del oeste.

Todo eso cambió en una pequeña escuela de Wisconsin en el precipicio del verano de 1854.

Los miembros de los demócratas y de los whigs —así como de otros partidos políticos minoritarios de la Unión— se habían preocupado por la falta de una postura clara en este asunto. De hecho, muchos estaban convencidos de que había llegado el momento de fundar un partido que finalmente buscara la abolición de la esclavitud en su totalidad, incluso en el Sur. Como ninguno de los partidos existentes estaba dispuesto a realizar este cambio, se decidió que habría que crear uno nuevo.

Esta decisión fue tomada por un joven abogado llamado Alvan Earle Bovay. Como muchos de los políticos de Wisconsin, Alvan se había educado en Nueva York. Se había trasladado a la pequeña ciudad de Ripon, Wisconsin, donde ejerció la abogacía y también se convirtió en un pilar de la comunidad, ayudando a crear una nueva universidad. Alvan era un apasionado de la cuestión de la esclavitud, especialmente en los nuevos territorios. La fuga de Joshua Glover seguía siendo noticia en Wisconsin cuando se aprobó la Ley Kansas-Nebraska. Al igual que muchos habitantes de Wisconsin, Alvan había sido sacudido por el incidente de Joshua Glover, y no podía concebir que la esclavitud ganara terreno. Aunque en aquel momento era un whig, estaba claro que el partido no estaba haciendo todo lo que podía para detener la expansión de la esclavitud.

Así que Alvan decidió que era el momento de tomar cartas en el asunto.

La reunión comenzó el 20 de mayo de 1854. Ripon, que todavía era una ciudad pequeña, tenía pocos edificios adecuados para cualquier tipo de reunión; la escuela era el único lugar en el que Alvan pensó que podría reunir a otros políticos para discutir el asunto. Tampoco era un edificio importante con aulas y salones. De hecho, la escuela de Ripon era una escuela de una sola habitación, y los ciudadanos interesados tuvieron que apiñarse en el diminuto edificio. A pesar de su estrechez, esa noche cambiaron la historia.

El Partido Republicano nació en la Little White Schoolhouse esa noche, y tomó su primer aire en Wisconsin. Esta gente estaba dispuesta a cambiar la Unión y el mundo. Si bien su programa no era estrictamente abolicionista al principio, era fuertemente antiesclavista y especialmente antiesclavista en los nuevos estados. Dos meses más tarde, se celebró una gran convención en Jackson, Michigan, que estableció el partido. En 1856, mientras el Sangrado de Kansas hacía estragos en el Oeste, era un partido político de pleno derecho, y su candidato había sido elegido para el cargo de gobernador en Wisconsin.

La guerra civil estadounidense

En 1860, solo seis años después de la creación del Partido Republicano, los republicanos se habían convertido en una fuerza a tener en cuenta en toda la Unión, hasta el punto de que su líder se presentaba a la presidencia. Abraham Lincoln, un nombre ahora profundamente grabado en el rostro de la historia, fue elegido presidente ese año. Casi instantáneamente, el caos estalló en toda la Unión. Lincoln era un abolicionista vociferante y conocido que abogaba incansablemente contra la esclavitud. Su elección fue un símbolo del declive del poder del Sur; pocos votantes sureños habrían elegido a un abolicionista como líder, teniendo en cuenta que muchos estadounidenses blancos (los afroamericanos, por supuesto, no tenían derecho a voto en aquella época) dependían profundamente de la esclavitud para alimentar sus negocios y su modo de vida. La elección de Lincoln fue suficiente para convencer al Sur de que no había forma pacífica de aferrarse a sus formas de opresión. Muchos de los estados se rebelaron contra el liderazgo de Lincoln. Se negaron a formar parte de su Unión y se separaron. Los primeros en irse fueron Georgia, Alabama, Carolina del Sur, Luisiana y Texas; Carolina del Norte, Arkansas, Tennessee y Virginia se apresuraron a seguirlos. La Unión dejó de ser una unión. Los Estados Unidos se habían partido brutalmente por la mitad.

Los estados escindidos formaron una potencia completamente nueva, a la que llamaron Estados Confederados de América, dirigida por el presidente Jefferson Davis. A estas alturas estaba claro que no había forma de que la diplomacia o la política pudieran resolver este asunto. La violencia que se había desatado en Kansas se extendió al resto de Estados Unidos cuando la Confederación exigió que los soldados de la Unión se retiraran de sus estados. La Unión se negó y la Confederación atacó, bombardeando Fort Sumter en el puerto de Charleston hasta que sus soldados se vieron obligados a rendirse en marzo de 1861.

Cuando comenzó la guerra, parecía que las probabilidades estaban inclinadas a favor de la Unión, especialmente teniendo en cuenta lo mucho que había disminuido el poder político de la Confederación en los años anteriores. Sin embargo, si bien es cierto que la Unión tenía acceso a vastos recursos y a una mayor población de hombres combatientes, la Confederación tenía una simple ventaja: el entrenamiento. Generaciones de confederados habían sido oficiales en las guerras anteriores, y algunos de los mejores comandantes y soldados de Estados Unidos procedían del Sur. Además, la Confederación tenía una población pequeña, pero su región geográfica era enorme. Conquistar un territorio tan vasto bajo el control de hombres tan bien entrenados no era una hazaña.

No obstante, la Unión hizo su primer intento ese verano, enviando al general Winfield Scott y sus fuerzas a enfrentarse con el famoso general confederado "Stonewall" Jackson cerca de Manassas, Virginia, en la primera batalla de Bull Run. Las tropas de la Unión fueron derrotadas y enviadas de vuelta al norte; Scott fue rápidamente reemplazado por el general George B. McClellan, que tuvo una suerte similar, luchando una derrota tras otra contra Stonewall y su colega, el brillante, pero malogrado general Robert E. Lee.

En agosto de 1862, la guerra ya llevaba un año. Henry W. Halleck era el tercer general al mando de las fuerzas de la Unión, y las tropas de la Unión empezaban a mostrar su falta de experiencia en el mando, ya que las brillantes maniobras de Lee y Stonewall derrotaban una y otra vez a las fuerzas más numerosas de la Unión. La segunda batalla de Bull Run se libró ese mes, y fue un espeluznante eco de la primera, haciendo correr una vez más a la Unión.

Los confederados habían comenzado la guerra a la defensiva, pero ahora, estaban listos para lanzar una invasión propia. Marchando hacia la Unión, los confederados planeaban ahora no solo mantener la esclavitud en sus territorios, sino también expandir su poder hacia la Unión en dificultades. McClellan, que había sido sustituido como comandante supremo, pero seguía al mando del Ejército del Potomac de la Unión, fue el improbable héroe que acudiría al rescate en esta hora desesperada. Yendo directamente en contra de las órdenes del propio Abraham Lincoln, McClellan se enfrentó a los confederados en Maryland, obligándoles a entrar en Sharpsburg el 11 de septiembre. Solo dos días después, McClellan atacó de nuevo a las tropas acampadas de Lee en las orillas del río Antietam. Esta batalla se volvió rápidamente sangrienta. Los hombres caían a diestro y siniestro, y su sangre manchaba las aguas espumosas. La batalla de Antietam se convirtió rápidamente en una de las más mortíferas de la guerra civil estadounidense. Más de 25.000 hombres murieron ese día, divididos a partes iguales entre los confederados y la Unión. Para la Confederación, sería una dura derrota; para la Unión, fue una costosa victoria. Lee se vio obligado a retroceder hasta Virginia.

A pesar de esta dura victoria, McClellan, que era el favorito de sus hombres, había caído sin embargo en desgracia con el mando superior. Los generales Ambrose E. Burnside y Joseph "Fighting Joe" Hooker recibieron el mando del ejército, y la derrota asoló a la Unión hasta que apareció el invierno.

Lo más probable es que la gente pensara que en 1863 la Unión se habría inclinado por la cautela gracias a sus derrotas, aunque hubiera conseguido hacer retroceder a los confederados en el Sur. En cambio, Lincoln demostró que su misión de libertad no retrocedería por nada. El día de Año Nuevo, emitió la Proclamación de Emancipación, y los esclavos del Sur quedaron por fin oficialmente liberados. Aunque los confederados se opusieron a la proclamación, fue sin embargo un momento que sacudiría la historia de los Estados Unidos para siempre. En todo el país, los esclavos se liberaron de sus amos, sedientos de la libertad que legalmente les correspondía, y se trasladaron al Norte en masa. Alrededor de 186.000 de ellos se unieron a la Unión como soldados, decididos a asegurar su libertad y la de sus hermanos y hermanas para siempre.

El ejército de la Unión, con sus filas ahora engrosadas por los recién liberados, se preparó para otra embestida cuando el invierno se fuera. Lee abrió la campaña de 1863 con una victoria contra Fighting Joe Hooker que le costó casi una cuarta parte de su ejército. Del 1 al 3 de julio de 1863, Lee libraría su batalla más devastadora hasta el momento, enfrentándose al general George G. Meade en la famosa batalla de Gettysburg, en Pensilvania. Estadounidenses se volvieron contra estadounidenses, y se derramó sangre en cantidades incalculables, manchando la pacífica tierra del lugar para siempre con las consecuencias de la división de una nación.

En medio de la batalla, que duró tres días, una brigada perdería muchos hombres y aun así demostraría ser una de las más grandes de la guerra civil estadounidense. Se trataba de la Brigada de Hierro del Ejército de la Unión, conocida por su aspecto gallardo, su lucha disciplinada y su absoluta valentía ante la muerte inminente. La Brigada de Hierro estaba compuesta por habitantes de Wisconsin, Michigan e Indiana. Muchos de ellos murieron en la carnicería, pero cuando la batalla finalmente terminó, sus muertes no habían sido en vano. Los confederados habían perdido casi dos tercios de su ejército.

Lee se vio obligado a retirarse, y esta victoria es muy reconocida como el punto de inflexión de toda la guerra.

Sin embargo, Meade no sería el único hombre de la guerra civil que obtuvo una poderosa victoria de la Unión. De hecho, el mayor y más conocido héroe de la guerra fue probablemente el general Ulysses S. Grant. Aunque todavía no era el comandante supremo en el verano de 1863, tenía sin embargo el control de una parte considerable del ejército en el estado de Misisipi. Al igual que muchos generales de la guerra civil, siempre trató de tener un regimiento de wisconsinitas en su ejército; a diferencia de muchos estados, Wisconsin no solo suministró muchos voluntarios en respuesta a la llamada a las armas de Lincoln después de la sucesión, sino que el estado también reemplazó a sus soldados cuando murieron o se perdieron. Los habitantes de Wisconsin se establecieron como algunos de los hombres más fiables del Ejército de la Unión, ninguno más que el 8º Regimiento de Infantería Voluntaria de Wisconsin. Acompañado siempre por un águila calva llamada Old Abe, que era la muy querida mascota de este regimiento, el 8º de Wisconsin fue una parte fundamental del ejército de Grant.

En consecuencia, el regimiento tuvo una gran participación en una de las batallas más importantes de la guerra civil: el asedio de Vicksburg, que se libró de mayo a julio de 1863. Las semanas de asedio y los constantes combates no pudieron derrotar al 8º de Wisconsin, que tomó Vicksburg el 4 de julio, ochenta y siete años después de la firma de la Declaración de Independencia. Con la caída de Vicksburg llegó el principio del fin de la Confederación. La Unión tenía ahora acceso al río Misisipi y podía controlar sus orillas, poniendo fin a gran parte del tráfico fluvial y partiendo también el Sur estadounidense por la mitad. Los confederados estaban ahora luchando en una guerra perdida.

Junto con otra victoria en la batalla de Chattanooga ese noviembre, el sitio de Vicksburg ayudó a convencer a Lincoln de que Grant era el hombre adecuado para la desalentadora tarea de ser comandante supremo de los ejércitos de la Unión. En marzo de 1864, Grant recibió el control de todas las fuerzas de la Unión. Continuó librando batallas en el Este, y fue asistido en el Oeste por el General William Tecumseh Sherman. Aunque la primavera de 1864 estuvo plagada de derrotas para Grant, Sherman demostró que le sobraba el espíritu guerrero por el que su tocayo era tan famoso, ya que las ciudades del Sur cayeron una tras otra ante sus ejércitos. Atlanta, Georgia, fue conquistada en septiembre de 1864. Sherman aprovechó su ventaja y comenzó la Marcha hacia el mar, desplazando a sus hombres por todo el Sur hacia el océano, decidido a reclamar hasta la última brizna de hierba como territorio de la Unión.

Lee, por su parte, había sido finalmente nombrado comandante supremo de los confederados. Ya había demostrado su destreza a lo largo de la guerra, y quizás las cosas habrían sido diferentes si hubiera sido el comandante supremo desde el momento en que se lanzó la primera bala de cañón contra Fort Sumter. Ahora, sin embargo, era demasiado tarde. Su última victoria fue en Fort Stedman el 25 de marzo de 1865, pero Grant y Meade le pisaban los talones y le empujaron fuera de Fort Stedman y de vuelta a Richmond, Virginia.

En cuestión de semanas, Lee fue empujado a lo largo del río Appomattox. Se estaba quedando sin hombres, sin moral, sin recursos y, sobre todo, sin espacio. No había ningún lugar al que retirarse, y después de cuatro años de guerra, Lee finalmente tuvo que aceptar su derrota. Se rindió ante Grant en la Casa de la Corte de Appomattox el 9 de abril.

La victoria estaba cerca. En todo el norte de los Estados Unidos estallaron las celebraciones, ya que la Unión se dio cuenta de que finalmente había liberado a Estados Unidos. Pero su alegría duró poco. El 14 de abril, mientras asistía a una obra de teatro, Abraham

Lincoln fue asesinado a sangre fría por John Wilkes Booth. Murió al día siguiente.

Sin embargo, las fervientes creencias de Lincoln en la libertad no murieron con él. El último general confederado se rindió a Sherman en Carolina del Norte el 26 de abril, y la guerra civil estadounidense llegó finalmente a su fin.

La guerra había sido amarga, sangrienta y terriblemente costosa. El Sur de Estados Unidos era una sombra de su antigua gloria. Sus exuberantes plantaciones, sus paisajes esculpidos y sus mansiones señoriales habían sido diezmados por la constante y violenta presencia de los enormes ejércitos que lo atravesaban. Seiscientos veinte mil soldados estadounidenses murieron en total, una cifra incomprensible. Era más que el número de estadounidenses que habían muerto en la Revolución y la guerra de 1812 juntas. Treinta y ocho mil eran afroamericanos que se habían unido a la Unión para luchar por su libertad.

Sin embargo, el precio no quedó sin recompensa para los que creían en la libertad. Poco después del final de la guerra se aprobaron las enmiendas 13ª, 14ª y 15ª, que no solo liberaron a todos los esclavos en todo Estados Unidos y pusieron fin de forma permanente a la esclavitud legal, sino que también concedieron a los afroamericanos el derecho al voto (aunque tuvieron que luchar mucho antes de poder votar en paz).

Aunque no se libraron batallas importantes en el propio Wisconsin —estaba demasiado al norte para estar en la línea de fuego—, los habitantes de Wisconsin desempeñaron un papel crucial en la victoria de la Unión. Sin el valiente 8º de Wisconsin en el asedio de Vicksburg o el sacrificio del 2º, 6º y 7º de Wisconsin en la Brigada de Hierro en Gettysburg, estas dos grandes victorias nunca se habrían conseguido. La guerra civil habría sido muy diferente.

Los hombres de Wisconsin perecieron por miles durante la guerra; tantos de ellos fueron enviados al frente que las mujeres tuvieron que dar un paso adelante y mantener el estado en funcionamiento durante la guerra. Sus esfuerzos por cuidar de sus hogares y familias, así como por cultivar y mantener el resto de la industria del estado en funcionamiento, ayudaron a mantener los recursos de la Unión. Los troncos, el plomo y los alimentos siguieron llegando desde Wisconsin, gracias a los valientes esfuerzos de las mujeres que se quedaron. También enviaron muchas donaciones de alimentos, ropa, ropa de cama y otras necesidades a sus "valientes muchachos" en el frente. Muchos nuevos reclutas también se entrenaron en Camp Randall, el actual estadio de la Universidad de Wisconsin-Madison.

A pesar de que nada de sangre de la guerra civil se derramó en su suelo, Wisconsin se vio profundamente afectado por la guerra. Cuando todo terminó, y sus hombres, llenos de cicatrices y maltrechos, pudieron finalmente regresar a los pacíficos bosques y verdes colinas que habían dejado atrás cuatro años antes, más de 12.000 habitantes de Wisconsin habían muerto en las batallas. Mientras todo Estados Unidos empezaba a encontrar su lugar en un nuevo mundo posterior a la guerra civil, casi desgarrado desde dentro, Wisconsin demostró su poderosa resistencia. Una vez terminada la guerra, floreció durante lo que hoy llamamos la Edad Dorada. Las industrias florecieron en todo el estado, especialmente en la agricultura y la fabricación de cerveza (lo que dio lugar al nacimiento de algunas de las cervezas favoritas de Estados Unidos, como Miller, Pabst y Leinenkugel). El crecimiento económico de Wisconsin fue enorme, lo que permitió muchas oportunidades de empleo y prosperidad en todo el estado.

La tala de árboles fue una parte clave de la creciente Edad Dorada. Pero la tala de árboles fue también casi su perdición. Los desastres naturales estaban a punto de golpear a Wisconsin en su forma más cruda y violenta: el fuego.

Capítulo 6 - Wisconsin arde

eIlustración IV: Sterling Hall poco después de ser bombardeada en 1970

El mundo entero del padre Peter Pernin parecía estar consumido por el fuego.

Todo ardía. A través de los ojos agitados por el humo, el sacerdote apenas podía ver mientras avanzaba a trompicones por la orilla del río Peshtigo. El humo estaba por todas partes: una cortina negra y espesa que le cegaba los ojos y le obstruía los pulmones, haciendo que cada respiración fuera una nueva puñalada de tortura que le hacía agonizar el pecho. Era tarde en la noche, pero dondequiera que el padre Pernin mirara, un hosco resplandor escarlata grababa detalles brutales en el mundo. El reflejo de las llamas en el agua. La desesperación en los ojos de un caballo perdido, galopando por el camino sobre la ribera del río, dirigiéndose de nuevo hacia las llamas, su instinto le llamaba a volver a su establo, aunque el fuego le acompañara. El cuerpo de un niño, aplastado y pisoteado por unos pies aterrados que huían ante las llamas.

El padre Pernin apenas podía comprender lo que estaba viendo. Se había volcado en esta ciudad fronteriza, que muchos consideraban una guarida de villanos impíos. Para ser justos, solo unas horas antes, había oído a los hombres reírse y divertirse en la pensión cercana a su casa. Pero ahora, la destrucción estaba sobre ella, y el padre Pernin había visto más muertes en la última media hora de las que podía procesar.

Se oyó un terrible crujido en algún lugar del río. El padre Pernin se giró a tiempo para ver cómo el puente que cruzaba el río, con sus vigas ardiendo mientras las llamas centellaba sobre la madera en ruinas, empezaba a desmoronarse. El fuego parecía disfrutar del gemido del puente, las chispas saltaban con exuberancia mientras el puente se doblaba. Mientras el padre Pernin observaba, el puente se derrumbó sobre el agua en una nube de humo, chispas y cenizas. Los escombros fueron arrastrados río abajo, el río ya se agitaba de color gris.

Un grito de consternación surgió de las gargantas resecas de los habitantes de Peshtigo. Estaban por todas partes, agarrando a los niños y las pertenencias mientras se apresuraban por la carretera o se agolpaban junto al río, desesperados por huir. El puente había parecido su única escapatoria. Pero mirando a su alrededor, a un cielo lleno de fuego, y oyendo el terrible rugido de las llamas, el padre Pernin empezaba a pensar que tal vez no había escapatoria. Tal vez este era el mismísimo fin del mundo.

El padre Pernin respiró profundamente. Aunque muchos de los residentes de Peshtigo le despreciaban por ser católico, él creía fervientemente en Dios, y había trabajado duro para llevar lo que creía que era esperanza y alegría a esta gente. Ahora mismo, fuera o no el fin del mundo, tenía que hacer algo por la gente que amaba.

Con los pulmones ardiendo, el cuerpo dolorido y la piel ampollada por el calor, el padre Pernin comenzó a caminar por la orilla del río, empujando a la gente aturdida y en pánico de Peshtigo hacia la seguridad del río. Estaban tan confundidos por la destrucción que presenciaban que no se les ocurrió dar esos pocos pasos hacia el agua. El padre Pernin los empujó uno a uno; quería gritarles, decirles que se salvaran, pero tenía la garganta tan irritada por el humo que había inhalado que no podía pronunciar una palabra. No sabía si alguno de ellos podría sobrevivir. No sabía si la propia tierra sobreviviría. Todo lo que sabía era que el desastre estaba sobre ellos.

Un desastre de una escala que nadie había visto antes.

El gran incendio de Peshtigo

En 1871, Wisconsin estaba en plena Edad Dorada, y gran parte de esa era de crecimiento económico se centraba en la industria maderera. La creciente población del resto de los Estados Unidos tenía un apetito insaciable por la madera. Las casas, los ferrocarriles, las iglesias, las escuelas, los barcos, los libros, los periódicos... todo ello tenía que construirse con árboles. Y los árboles eran algo que Wisconsin tenía en gran abundancia.

Peshtigo, situada en la orilla de Green Bay, a pocos kilómetros de la floreciente ciudad de Green Bay, era una ciudad dedicada a la industria maderera. Se había construido en terrenos propiedad de un rico magnate maderero llamado William Ogden no hacía mucho tiempo, y la ciudad crecía tan rápidamente que los edificios parecían surgir de la noche a la mañana. La gente acudía a Peshtigo para cortar sus árboles o trabajar en la fábrica que los procesaba. De hecho, la fábrica de Peshtigo era la mayor de su clase en Estados Unidos.

Como el resto de Wisconsin, Peshtigo había experimentado una afluencia de inmigrantes, muchos de ellos procedentes de países escandinavos. Las oportunidades de trabajo eran abundantes en todo el estado. La tierra podía adquirirse a bajo precio, pero para los que no podían pagarla, había mucho trabajo en las granjas y los bosques. Los leñadores vivían en Peshtigo y sus alrededores, muchos de ellos en pequeñas chozas entre los árboles que les proporcionaban el sustento. Solo unos pocos estaban solos; muchos tenían familias jóvenes con ellos. Sus vidas eran duras, pero habían dejado atrás un Viejo Mundo superpoblado en plena Era Victoriana. Al menos aquí podían respirar aire fresco en un país libre.

La industria maderera había dado a esta gente una nueva oportunidad de vida; sin embargo, resultaría mortal para muchos de ellos. Por donde pasaban los madereros, dejaban tras de sí zonas tentadoras compuestas por matorrales y tocones, su tierra era rica y buena para la agricultura si solo se podían eliminar esos tocones. Los agricultores, ávidos de participar en el floreciente sector agrícola de Wisconsin, buscaron una solución rápida para limpiar la tierra. La tala y la quema se convirtieron en la norma. Se prendía fuego a hectáreas de tierra con el fin de despejarla para labrar y plantar. Los incendios forestales formaban parte de la vida de los habitantes de Peshtigo; no era raro que el cielo estuviera cubierto de humo durante días. Se traían barriles de agua desde el río y se colocaban alrededor del pueblo, por lo que la gente se las arreglaba para mantener sus hogares a salvo.

Pero en 1871, una culminación de factores construyó una catástrofe tan alucinante que la mano del hombre nunca podría haber esperado evitarla. El verano de 1871 fue desesperadamente seco, dejando los bosques resecos. Cada hoja, cada rama caída, era la yesca perfecta, el combustible para la inminente perdición de Peshtigo. A pesar de ello, los agricultores siguieron quemando tocones para limpiar sus tierras. Un incendio tras otro se fue descontrolando. En octubre, los bosques estaban tan secos que la combustión espontánea se convirtió en una posibilidad. No pasó mucho tiempo antes de que todos esos pequeños incendios comenzaran a reunirse, para confluir en uno de los fenómenos más imparables de la naturaleza: una tormenta de fuego.

La tormenta de fuego llegó por primera vez a la pequeña ciudad de Sugar Bush el 8 de octubre de 1871. Sugar Bush ya no existe; cuando las hambrientas llamas alcanzaron el pequeño pueblo, no dejaron más que cenizas. Personas, animales, edificios... todo quedó completamente destruido por el fuego.

Desde Sugar Bush, el fuego se dirigió a Peshtigo, y cuando llegó a la ciudad, se había convertido en algo que la humanidad nunca había visto. La tormenta de fuego se había convertido en un "tornado de fuego", una gran columna retorcida de humo, llamas y aire tan caliente que hervía la savia dentro de los árboles, haciéndolos explotar. El aire se calentó hasta el punto de que los pájaros en vuelo estallaron en llamas, convirtiéndose en cenizas antes de que sus cuerpos pudieran tocar el suelo. Los testigos describen el sonido como incomprensiblemente fuerte; era como si la propia naturaleza hubiera cobrado voz y se hubiera pronunciado contra las atrocidades que la humanidad había perpetrado en ella desde los días de la Edad de Hielo, cuando los paleoindios cazaban a los mastodontes.

Cuando el padre Pernin llegó a las orillas del Peshtigo, el desastre ya estaba sobre su hogar. La gente huyó despavorida del pueblo, llevando consigo todo lo que pudo. Los que llegaron al río fueron los afortunados; los desafortunados fueron pisoteados en la refriega o superados por las llamas, quemándose vivos. Algunos ni siquiera llegaron a salir de sus casas. Los que el padre Pernin había escuchado en la juerga al lado de su casa murieron en medio de la borrachera: setenta y cinco muertes trágicas, todas en un solo edificio.

Incluso el río ofrecía poca protección contra las llamas. El padre Pernin se pasó la noche echándose agua en la cabeza, tratando de mantenerse vivo. Muchas personas murieron por inhalación de humo, aunque estuvieran en el agua; otras fueron arrastradas y se ahogaron en la corriente o sucumbieron a la hipotermia tras pasar horas en el agua.

Cuando el fuego pasó por Peshtigo y acabó por consumirse en la orilla de Green Bay, los daños eran casi incomprensibles. Peshtigo había sido arrasada. Solo quedaban montones de hollín y cenizas. La fábrica había desaparecido, y la iglesia del padre Pernin se había quemado con tanto calor que la campana de latón de la iglesia era un charco derretido. Sugar Bush simplemente había desaparecido. Marinette, un pueblo cercano, también se vio afectado.

Es imposible decir cuántas personas murieron en el Gran Incendio de Peshtigo. Dado que pueblos enteros fueron arrasados, los registros son escasos, y simplemente no sabemos cuántas personas habían estado viviendo allí en primer lugar. Es posible que perecieran hasta 2.500 personas, lo que convierte al Gran Incendio de Peshtigo en el más mortífero de la historia conocida. Los daños ascendieron a unos 5.000.000 de dólares, sin incluir las cosechas destruidas ni el ganado muerto.

Curiosamente, a pesar de su extrema mortandad y de los vívidos relatos de sus testigos presenciales, el Gran Incendio de Peshtigo se ha convertido en un acontecimiento algo oscuro en la historia. Esto se debe a una trágica coincidencia. La misma noche que Peshtigo ardía, también lo hacía Chicago. Al día siguiente, los periódicos se llenaron de historias sobre el Gran Incendio de Chicago, y Peshtigo fue prácticamente ignorado, a pesar de que el incendio de Chicago solo mató a unas 300 personas.

Peshtigo fue finalmente reconstruida. Ahora es una comunidad pequeña, pero vibrante, con un museo dedicado al incendio que la destruyó. En cuanto al padre Pernin, después de haber apoyado a su congregación durante varios meses directamente después del incendio, continuó sirviendo como sacerdote durante el resto de su vida en otros lugares de la zona de los Grandes Lagos.

El bombardeo de Sterling Hall

Noventa y nueve años después, Wisconsin volvía a arder.

Dos jóvenes hermanos —de diecinueve y veintidós años— se sentaron en un Corvair amarillo y observaron cómo una gran bola de fuego se elevaba en la noche. Floreció como una gran rosa de llamas incandescentes, entremezclada con rastros de humo gris, arrojando un espeluznante resplandor sobre la ciudad de Madison, cuyos habitantes dormían aquella noche de verano.

En el Corvair, el corazón de Dwight Armstrong retumbaba mientras estaba sentado en el asiento del copiloto junto a su hermano Karleton, conocido como Karl por sus amigos. Dwight apenas podía creer que realmente lo había hecho. Había bombardeado Sterling Hall, una parte de la Universidad de Wisconsin-Madison. La sensación era una embriagadora descarga de orgullo y adrenalina, una poderosa emoción de que había hecho algo bueno. Dwight había defendido algo en lo que creía ferozmente.

Al principio había parecido bastante sencillo. Con la ayuda de Karl, no había sido difícil comprar algo de fuel a una cooperativa agrícola y un montón de fertilizante a otra. Los materiales eran fáciles de convertir en una bomba; los combinaron con un poco de dinamita y una mecha, y luego los metieron en una furgoneta Ford robada. Dwight había conducido la Ford y la había aparcado estratégicamente junto a Sterling Hall, sede del departamento de matemáticas de la Universidad de Wisconsin-Madison, que había estado ayudando a construir las armas que se utilizaban en Vietnam.

Como muchos jóvenes de la década de 1970, Dwight se oponía profundamente a la guerra de Vietnam. Aunque muchos habitantes de Wisconsin, como él, habían servido en las dos guerras mundiales que habían consumido la primera mitad del siglo XX, Dwight era una generación tardía para eso, pues había nacido después de que la Segunda Guerra Mundial hubiera terminado. Su mundo parecía estar poblado de personas mayores para las que la guerra formaba parte de la normalidad. Pero a Dwight todo le parecía mal.

Por desgracia para los defensores de la paz como él, el mundo estaba acostumbrado a la guerra. Las dos guerras mundiales habían dado paso a la tensión latente de la Guerra Fría y a la terrible violencia de sus guerras indirectas, siendo una de las más destacadas la guerra de Vietnam. Mientras Estados Unidos enviaba soldados a Vietnam en nombre de la derrota del comunismo, los jóvenes empezaban a preguntarse si toda esa violencia era necesaria. Las protestas contra la guerra habían estallado en todo el país, y algunas de ellas se habían vuelto violentas.

Dwight había sido un manifestante pacífico hasta hace pocos meses. Mientras que otros grupos de protesta habían hecho estallar bombas para destruir propiedades, no personas, Dwight se había contentado con expresar sus opiniones en marchas y concentraciones. Eso fue hasta que una protesta en Ohio se fue a pique el 4 de mayo. Las tensiones habían estallado y la Guardia Nacional abrió fuego contra los jóvenes manifestantes, matando a cuatro estudiantes delante de Dwight. El espectáculo le había horrorizado y había hecho saltar un interruptor en su interior. Dwight el manifestante pacífico se había convertido en Dwight el terrorista.

Sin embargo, aunque sus venas se llenaron de adrenalina cuando Karl aceleró el Corvair para salir y reunirse con sus dos coconspiradores —David S. Fine, de diecinueve años, y Leo F. Burt, de veintidós— para celebrar su éxito con una Coca Cola, Dwight sintió una pizca de tranquilidad. Aunque lo que había hecho era ilegal, al menos nadie había resultado herido. Dwight había comprobado él mismo las ventanas del edificio, y él y Karl habían elegido la hora —3:42 de la mañana— porque estaban seguros de que no habría nadie dentro del edificio.

Lamentablemente, se habían equivocado terriblemente. Un informe de radio a los pocos minutos de su celebración destrozó el mundo de Dwight. Alguien había muerto en la explosión: un joven estudiante de posgrado, un hombre casado de treinta y tres años que tenía tres hijos pequeños, llamado Robert Fassnacht. Para empeorar las cosas, Fassnacht también había estado en contra de la guerra. Y ahora estaba muerto. Y Dwight era un asesino.

Dwight y Karl huyeron a Nueva York, sus nombres ahora en la lista de los más buscados del FBI. Los dos jóvenes solo pretendían expresar su descontento por la guerra de Vietnam, pero en lugar de ello, habían matado a un hombre y herido a otros tres.

Finalmente, Karl sería capturado en Toronto en 1972, lo que le valió una condena de veintitrés años de prisión, aunque solo pasó siete años entre rejas. Con el tiempo, se instaló en una vida tranquila, dirigiendo una serie de pequeños negocios en Madison; uno de ellos era una charcutería llamada Radical Rye, de la que era copropietario con Dwight. El propio Dwight también había pasado algún tiempo en prisión. Falleció en 2010 de cáncer de pulmón.

David Fine también estuvo tres años en prisión antes de estudiar derecho, aunque nunca fue admitido en el colegio de abogados. Aprobó el examen, pero su participación en el atentado hizo que se le denegara la admisión.

El último terrorista, Leo Burt, se escondió y nunca fue encontrado.

Progreso en Wisconsin durante el siglo XX

Wisconsin había cambiado enormemente desde el incendio de Peshtigo. Industrias como la maderera y la agrícola habían perdido importancia, dando lugar a una próspera economía basada en los servicios. Wisconsin era ahora —y, en muchos sentidos, sigue siendo— un centro de educación y medicina.

Sin embargo, las ideas progresistas y el orgulloso idealismo que la habían llevado hasta la guerra civil estadounidense seguían siendo muy evidentes. De hecho, la política de Wisconsin era una de las más progresistas de todo EE. UU., e inventó conceptos que se han convertido en parte integrante del mundo moderno, como el impuesto sobre la renta y la indemnización por lesiones o desempleo en el lugar de trabajo. La "idea de Wisconsin", expresada por primera vez en 1905 por el presidente de la Universidad de Wisconsin-Madison, dio lugar a la idea ampliamente aceptada de que las universidades debían trabajar en beneficio de todos los residentes de sus áreas locales y más allá, no solo de sus estudiantes. Como resultado, se creó la Universidad de Wisconsin-Extensión, y se ofreció educación a muchos niveles a todo tipo de personas dentro del estado.

No es de extrañar entonces, dada su reputación de estado lleno de ideas progresistas, que Wisconsin fuera el centro de muchas protestas contra la guerra. Hacía tiempo que buscaba beneficiar a sus jóvenes, acoger sus ideas y proporcionarles educación. Estas protestas y el movimiento pacifista definieron en muchos sentidos las décadas de 1970 y 1980.

Sin embargo, lamentablemente, el atentado de Dwight y Karl Armstrong contra el Sterling Hall tuvo exactamente el efecto contrario al que pretendían. Estos dos jóvenes habían cruzado una línea terrible: habían matado accidentalmente a alguien en el acto mismo de hablar contra los asesinatos. Otros manifestantes pacifistas quedaron horrorizados por lo sucedido y fueron abruptamente conscientes de que la destrucción de la propiedad podía convertirse fácilmente en la destrucción accidental de la vida. Después de 1970, las protestas comenzaron a disminuir en todo Estados Unidos.

Sin embargo, la guerra de Vietnam se prolongaría durante años, hasta terminar en 1975.

Conclusión

En la actualidad, la economía de Wisconsin ha vuelto a su Edad Dorada, volviendo a sus antiguas industrias de la agricultura y la explotación forestal, que constituyen el grueso de su economía. Es especialmente conocida por sus numerosas y grandes explotaciones lecheras y la producción de queso, aunque la tecnología de la información y el turismo son también partes importantes de la economía. En cuanto a la política, Wisconsin tiene un gobernador demócrata al momento de escribir este libro. Así pues, Wisconsin, cuna del Partido Republicano, sigue manteniendo las mismas virtudes que el Partido Republicano original, ya que los demócratas y los republicanos cambiaron lentamente de ideología a lo largo de los siglos. Sin embargo, los dos partidos compiten intensamente durante las elecciones, y el estado cambia regularmente de manos.

Nunca se sabe con certeza qué partido político será el próximo en presidir Wisconsin. Lo que sí es seguro es que los habitantes de Wisconsin siempre serán habitantes de Wisconsin. A pesar de un comienzo difícil, con los primeros colonos haciendo la guerra a los nativos americanos e incluso entre ellos mismos durante la debacle de los puentes de Milwaukee, los habitantes de Wisconsin han demostrado desde entonces ser librepensadores. Son los que liberaron a Joshua Glover, los que impulsaron la guerra civil estadounidense, los que reconstruyeron muchos de sus pueblos de las cenizas del Gran Incendio de Peshtigo.

Estos son los wisconsinitas. Y su historia es la de la esperanza de un futuro mejor.

Vea más libros escritos por Captivating History

Fuentes

Little, B. 2018, *Why Did the Clovis People Mysteriously Vanish?*, A&E Television Networks, visto el 26 agosto de 2020 <https://www.history.com/news/clovis-migration-discovery>

Weiser-Alexander, K. 2020, *Clovis Culture of Native Americans*, Legends of America, visto el 26 agosto de 2020, <https://www.legendsofamerica.com/clovis-culture/>

Wisconsin Historical Society 2008, *Paleo-Indian Fluted Spear Point*, Wisconsin Historical Society Press, visto el 26 agosto de 2020, <https://www.wisconsinhistory.org/Records/Article/CS2656>

Tyrrell, K. A. 2016, *The Mysterious Mastodon*, On Wisconsin, visto el 26 agosto de 2020, <https://onwisconsin.uwalumni.com/features/the-mysterious-mastodon/>

Jovaag, S. 2015, *Geologists Rewrite the Story of Wisconsin's Boaz Mastodon*, Wisconsin Life, visto el 26 agosto de 2020, <https://www.wisconsinlife.org/story/geologists-rewrite-the-story-of-wisconsins-boaz-mastodon/>

Tyrrell, K. A. 2015, *Rewriting the history of the Boaz Mastodon*, University of Wisconsin-Madison, visto el 26 agosto de 2020, <https://news.wisc.edu/rewriting-the-history-of-the-boaz-mastodon/>

Cullen, K. M. 2006, *Old Copper Culture*, Milwaukee Public Museum, visto el 26 agosto de 2020, <https://www.mpm.edu/research-collections/anthropology/online-collections-research/old-copper-culture>

Wisconsin Historical Society, *Exploring the History of Aztalan*, Wisconsin Historical Society, visto el 26 agosto de 2020,

<https://www.wisconsinhistory.org/Records/Article/CS4051>

Hirst, K. K. 2020, *The Oneota Culture – Last Prehistoric Culture of the American Midwest*, ThoughtCo, visto el 26 agosto de 2020, <https://www.thoughtco.com/oneota-culture-of-the-american-midwest-167045>

Hirst, K. K. 2017, *Cahokia (USA) – Massive Misisipian Center in the American Bottom*, ThoughtCo, visto el 26 agosto de 2020, <https://www.thoughtco.com/prehistoric-cahokia-usa-170438>

Native History Association, *The Misisipian Period*, NativeHistoryAssociation.org, visto el 26 agosto de 2020, <http://www.nativehistoryassociation.org/Misisipian.php>

Wisconsin Historical Society, *Effigy Mounds Culture*, Wisconsin Historical Society, visto el 26 agosto de 2020, <https://www.wisconsinhistory.org/Records/Article/CS383>

Canadian Museum of History, *Jean Nicollet 1634*, Virtual Museum of New France, visto el 27 agosto de 2020, <https://www.historymuseum.ca/virtual-museum-of-new-france/the-explorers/jean-nicollet-1634/>

History.com Editors 2020, *Exploration of North America*, A&E Television Networks, visto el 27 agosto de 2020, <https://www.history.com/topics/exploration/exploration-of-north-america>

The Editors of the Encyclopedia Britannica 2020, *Jean Nicolet*, Encyclopedia Britannica, visto el 27 agosto de 2020, <https://www.britannica.com/biography/Jean-Nicolet>

Wien, T. 2020, *Nicolet, Explorations of,* Encyclopedia.com, visto el 27 agosto de 2020, <https://www.encyclopedia.com/people/history/us-history-biographies/jean-nicolet>

Le Canada: A People's History, *Radisson and des Groseilliers*, CBC, visto el 27 agosto de 2020, <https://www.cbc.ca/history/EPCONTENTSE1EP6CH1PA3LE.html>

Canadian Museum of History, *Medard Chouart des Groseilliers 1654-1660,* Virtual Museum of New France, visto el 27 agosto de 2020, <https://www.historymuseum.ca/virtual-museum-of-new-france/the-explorers/medard-chouart-des-groseilliers-1654-1660/>

Anonymous 2020, *Allouez, Claude Jean*, New Catholic Encyclopedia, visto el 27 agosto de 2020, <https://www.encyclopedia.com/religion/encyclopedias-almanacs-transcripts-and-maps/allouez-claude-jean>

Wisconsin Historical Society, *Allouez, Claude Jean (1622-1689),* Wisconsin Historical Society, visto el 27 agosto de 2020, <https://www.wisconsinhistory.org/Records/Article/CS2822>

Link, M. 1937, *The Missionary Labors and Travels of Father Claude Jean Allouez, S.J.*, Loyola University Chicago eCommons, visto el 27 agosto de 2020, <https://core.ac.uk/download/pdf/48598365.pdf>

Wisconsin Historical Society, *Nicolás Perrot: French Fur Trade in Wisconsin,* Wisconsin Historical Society, visto el 27 agosto de 2020, <https://www.wisconsinhistory.org/Records/Article/CS541>

Canadian Museum of History, *Nicolás Perrot 1665-1689,* Virtual Museum of New France, visto el 27 agosto de 2020,

<https://www.historymuseum.ca/virtual-museum-of-new-france/the-explorers/Nicolás-perrot-1665-1689/>

Anonymous, *Beaver Wars*, Ohio History Central, visto el 27 agosto de 2020,

<http://ohiohistorycentral.org/w/Beaver_Wars>

Wisconsin Historical Society, *Fox Wars, 1712-1730*, Wisconsin Historical Society, visto el 31 agosto de 2020, https://www.wisconsinhistory.org/Records/Article/CS1728

Grignon, A. 1857, *Seventy-two years of recollections of Wisconsin*, State Historical Society of Wisconsin, via Wisconsin Historical Society, visto el 31 agosto de 2020, <https://content.wisconsinhistory.org/digital/collection/whc/id/1441>

Daniels, R. C. 2019, *The 1712-1736 Fox Wars: The Fox Indians and the French battle over the fur trade*, Military History Online, visto el 31 agosto de 2020,

<militaryhistoryonline.com/Century18th/FoxWars>

Griffith, W. R. IV, *The French and Indian War (1754-1763): Causes and Outbreak*,

American Battlefield Trust, visto el 31 agosto de 2020,

<https://www.battlefields.org/learn/articles/french-and-indian-war-1754-1763-causes-and-outbreak>

History.com Editors 2020, *French and Indian War*, A&E Television Networks, visto el 31 agosto de 2020, <https://www.history.com/topics/native-american-history/french-and-indian-war>

Encyclopedia of the American Revolution: Library of Military History 2020, *Langlade, Charles Michel de*, Encyclopedia.com, visto el 31 agosto de 2020,

<https://www.encyclopedia.com/people/history/us-history-biographies/charles-michel-de-langlade>

Gould, H. 2014, *Jonathan Carver: explorer, mapmaker, author and subject of controversy*, MinnPost, visto el 31 agosto de 2020, <https://www.minnpost.com/mnopedia/2014/01/jonathan-carver-explorer-mapmaker-author-and-subject-controversy/>

History.com Editors 2019, *Revolutionary War*, A&E Television Networks, visto el 3

septiembre de 2020, <https://www.history.com/topics/american-revolution/american-revolution-history>

History.com Editors 2020, *British Parliament adopts the Coercive Acts in response to the Boston Tea Party*, A&E Television Networks, visto el 3 septiembre de 2020,

<https://www.history.com/this-day-in-history/british-parliament-adopts-the-coercive-acts>

Wisconsin Historical Society, *Battle of Prairie du Chien, 1814*, Wisconsin Historical Society, visto el 3 septiembre de 2020,

<https://www.wisconsinhistory.org/Records/Article/CS1696>

American Battlefield Trust website, visto el 3 septiembre de 2020,

<https://www.battlefields.org/>

Anderson, Thomas Gummersall. "The British Capture Prairie du Chien during the War of 1812." From the Draper Manuscripts at the Wisconsin Historical Society, (Draper 1Q241-250); online facsimile at http://www.wisconsinhistory.org/turningpoints/search.asp?id=26

Wolly, B. and Horwitz, T. 2012, *The 10 Things You Didn't Know About the War of 1812*, Smithsonian Magazine, visto el 3 septiembre de 2020, <https://www.smithsonianmag.com/history/the-10-things-you-didnt-know-about-the-war-of-1812-102320130/>

History.com Editors 2020, *War of 1812*, A&E Television Networks, visto el 3 septiembre de 2020, <https://www.history.com/topics/war-of-1812/war-of-1812>

Andrews, E. 2018, *How the Battle of Tippecanoe Helped Win the White House*, A&E Television Networks, visto el 3 septiembre de 2020, <https://www.history.com/news/how-the-battle-of-tippecanoe-helped-win-the-white-house>

Smith, R. B. 1998, *Black Hawk War*, HistoryNet, visto el 3 septiembre de 2020, <https://www.historynet.com/black-hawk-war>

Wisconsin Historical Society, *Winnebago War (1827)*, Wisconsin Historical Society, visto el 3 septiembre de 2020, <https://www.wisconsinhistory.org/Records/Article/CS1833>

History.com Editors 2020, *Black Hawk War begins*, A&E Television Networks, visto el 3 septiembre de 2020, <https://www.history.com/this-day-in-history/black-hawk-war-begins>

Vogt, M., *The Black Hawk War*, Iowa Pathways, visto el 3 septiembre de 2020,

<http://www.iowapbs.org/iowapathways/mypath/black-hawk-war>

TerBeek, E. 2015, *Old Milwaukee: The Bridge War of 1845, And How the Streets Got Their Names*, Milwaukee Record, visto el 3 septiembre de 2020, <https://milwaukeerecord.com/city-life/old-milwaukee-the-bridge-war-of-1845-and-how-the-streets-got-their-names/>

Renda, L., *Bridge War*, Encyclopedia of Milwaukee, visto el 3 septiembre de 2020, <https://emke.uwm.edu/entry/bridge-war/>

Milwaukee Historical Society website:

<https://milwaukeehistory.net/education/milwaukee-timeline/>

History.com Editors 2020, *Boston Massacre*, A&E Television Networks, visto el 3 septiembre de 2020, <https://www.history.com/topics/american-revolution/boston-massacre>

History.com Editors 2019, *Wisconsin enters the Union*, A&E Television Networks, visto el 10 septiembre de 2020, <https://www.history.com/this-day-in-history/wisconsin-enters-the-union>

Sobel, Robert, and John Raimo, eds. Biographical Directory of the Governors of the United States, 1789-1978, Vol. 4. Westport, CT: Meckler Books, 1978. 4 vols.

The National Cyclopaedia of American Biography, Vol. 12. New York: James T. White & Company.

Wisconsin Historical Society. Wisconsin Local History & Biography Articles; Lancaster Teller; Cassville; Wisconsin; 1889

Cross, S. 1929, *Birthplace of the Republican Party*, Oshkosh Public Museum, visto el 10 septiembre de 2020, <https://oshkosh.pastperfectonline.com/photo/794D42F0-FE01-483D-B859-650599355293>

History.com Editors 2020, *Republican Party*, A&E Television Networks, visto el 10 septiembre de 2020, <https://www.history.com/topics/us-politics/republican-party>

History.com Editors 2019, *Kansas-Nebraska Act*, A&E Television Networks, visto el 10 septiembre de 2020, <https://www.history.com/topics/19th-century/kansas-nebraska-act>

Rogan, A. 2020, *A look back: The story of Joshua Glover and how Racine freed him from slavery in 1854*, The Journal Times, visto el 10 septiembre de 2020, <https://journaltimes.com/news/local/a-look-back-the-story-of-joshua-glover-and-how-racine-freed-him-from-slavery/article_06007066-31af-5a66-a693-26f16554088d.html>

Wisconsin Historical Society, *Joshua Glover*, Wisconsin Historical Society, visto el 10 septiembre de 2020, <https://www.wisconsinhistory.org/Records/Article/CS4368>

Wisconsin Historical Society, *Booth, Sherman Miller (1812-1904)*, Wisconsin Historical Society, visto el 10 septiembre de 2020,

<https://www.wisconsinhistory.org/Records/Article/CS5621>

Hickman, K. 2020, *American Civil War 101*, ThoughtCo, visto el 10 septiembre de 2020, <https://www.thoughtco.com/american-civil-war-a-short-history-2360921>

History.com Editors 2020, *Civil War*, A&E Television Networks, visto el 10 septiembre de 2020, <https://www.history.com/topics/american-civil-war/american-civil-war-history>

Vogeler, I. G. 2020, *Wisconsin*, Encyclopedia Britannica, visto el 14 septiembre de 2020, <https://www.britannica.com/place/Wisconsin>

Pernin, P. 1917, *The Great Peshtigo Fire: An Eyewitness Account*, Wisconsin Historical Society

Bromley, B. 2014, *Aftershocks: Local ties to Sterling Hall bombing remembered*, Baraboo News Republic, visto el 14 septiembre de 2020, <https://www.wiscnews.com/baraboonewsrepublic/news/local/aftershocks-local-ties-to-sterling-hall-bombing-remembered/article_74da5325-7a35-5669-aeec-33e6ec66a460.html>

Fox, M. 2010, *Dwight Armstrong, Who Bombed a College Building in 1970, Dies at 58*, The New York Times, visto el 14 septiembre de 2020, <https://www.nytimes.com/2010/06/27/us/27armstrong.html>

Anonymous 2017, *Why Few Remember the Peshtigo Fire, The Deadliest in American History*, All That's Interesting, visto el 14 septiembre de 2020, <https://allthatsinteresting.com/peshtigo-fire>

History.com Editors 2019, *Massive fire burns in Wisconsin*, A&E Television Networks, visto el 14 septiembre de 2020, <https://www.history.com/this-day-in-history/massive-fire-burns-in-wisconsin>

Estep, K., *The Peshtigo Fire*, Green Bay Press-Gazette, visto el 14 septiembre de 2020,

<https://www.weather.gov/grb/peshtigofire>

Ilustración I:

https://commons.wikimedia.org/wiki/File;Jean_Nicolet_Landing_in_Wisconsin,_July_1634,_Milwaukee_Public_Museum_(NBY_22648).jpg

Ilustración II:

https://upload.wikimedia.org/wikipedia/commons/a/af/Stillman%27s_Run_Battle_Site_Black_Hawk_War_memorial.jpg

Ilustración III: Por autor desconocido –

https://www.wisconsinhistory.org/Records/Image/IM41960, Public Domain,
https://commons.wikimedia.org/w/index.php?curid=58373781

Ilustración IV:

https://upload.wikimedia.org/wikipedia/commons/a/a4/Sterling_Hall_bombing_after_explosion_1.jpg

www.ingramcontent.com/pod-product-compliance
Lightning Source LLC
LaVergne TN
LVHW011845060526
838200LV00054B/4173